Steffen Tiemann

DIE SIEBEN PFADE ZUR VERÄNDERUNG

WIE DER GLAUBE INS LEBEN GREIFT

SCM

R.Brockhaus

SCM

Stiftung Christliche Medien

SCM R.Brockhaus ist ein Imprint der SCM Verlagsgruppe,
die zur Stiftung Christliche Medien gehört, einer gemeinnützigen Stiftung,
die sich für die Förderung und Verbreitung christlicher Bücher,
Zeitschriften, Filme und Musik einsetzt.

© 2023 SCM R.Brockhaus in der SCM Verlagsgruppe GmbH
Max-Eyth-Str. 41 · 71088 Holzgerlingen
Internet: www.scm-brockhaus.de · E-Mail: info@scm-brockhaus.de

Lektorat: Christiane Kathmann, www.lektorat-kathmann.de
Umschlaggestaltung: Erik Pabst, www.erikpabst.de
Autorenfoto: © Thomas Adolph
Satz: typoscript GmbH, Walddorfhäslach
Druck und Bindung: GGP Media GmbH, Pößneck
Gedruckt in Deutschland
ISBN 978-3-417-00064-1
Bestell-Nr. 227.000.064

Jeder soll es sehen und jeder soll
nach Hause laufen und sagen:
Er habe Gottes Kinder gesehen
und die seien ungebrochen freundlich
und heiter gewesen,
weil die Zukunft Jesus heiße
und weil die Liebe alles überwindet
und Himmel und Erde eins wären
und Leben und Tod sich vermählen
und der Mensch ein neuer Mensch werde
durch Jesus Christus.

Hanns Dieter Hüsch

INHALT

VORWORT

Vor einigen Jahren las ich den Bestseller von Stephen Covey »Die sieben Wege zur Effektivität«. Coveys Idee ist es, Menschen gerade nicht dabei zu unterstützen, immer mehr Arbeit in immer weniger Zeit zu schaffen. Nicht ein besseres *Zeitmanagement* ist sein Ideal, sondern eine klarere Ausrichtung des Lebens auf ein großes, persönliches Ziel. Der vielleicht wichtigste Rat, den er – als zweiten Weg zur Effektivität – gibt, lautet: »Schon am Anfang das Ende im Sinn haben.«[1] Das Leben zu meistern bedeutet: Ich weiß, wo ich einmal ankommen möchte, wer ich sein und was ich geleistet haben will – und dann richte ich mein Leben, die einzelnen Entscheidungen, die großen Weichenstellungen, an diesem »Zielfoto« aus.

Keine Sorge, ich habe nicht das falsche Buch gelesen und referiere meine Lektüre, anstatt das Werk vorzustellen, das Sie, lieber Leser, liebe Leserin, gerade in der Hand halten. Der Titel des neuen Buchs aus der Feder des rheinischen evangelischen Pfarrers Steffen Tiemann erinnert mich aber an Coveys Bestsellertitel. Freilich bietet er uns nicht sieben *Wege*, sondern sieben *Pfade* an. Das klingt ein bisschen weniger gemütlich. Pfade könnten etwas anstrengender zu begehen sein als gut gepflasterte Wege. Und er lädt uns auch nicht ein, ein effektiveres Leben zu führen. Veränderung ist seine Zielmarke. Nun geht es auch bei Covey nicht ohne Veränderung. Aber die Veränderung, um die es *hier* geht, ist eine andere: Es ist eine Veränderung, die den Glauben ins Leben greifen lässt. Der Glaube soll greifen: zupacken, eingreifen, festen Griff haben. Anders gesagt: Er soll das Leben so verändern, dass Jesus unser Dasein durchdringt und prägt.

Damit fasst Steffen Tiemann ein Thema an, das heutzutage in der Luft liegt. Endlich! Lange Zeit waren die Fragen, um die es hier geht, nämlich keineswegs ein allgemein anerkanntes Thema. Heute schon, auch unter verschiedenen Überschriften. Es kann traditionell von Heiligung die Rede sein oder etwas hipper von persönlicher Transformation. Zuweilen wird das Thema auch unter dem Label »Jüngerschaft« bearbeitet. Auch in diesem Buch werden wir beim Lesen dem Urbild der Veränderungsarbeit begegnen: Jesus auf den Pfaden des Heiligen Landes, unterwegs mit seinen Jüngerinnen und Jüngern, mit denen er das Leben teilt, die er beobachten lässt, was er tut und wie er es tut. Jüngerinnen und Jünger, für die er unfassbar viel Zeit und Geduld (!) investiert, die er probehalber aussendet und denen er beim Heimkommen Feedback gibt, die er unterrichtet, korrigiert, tröstet, inspiriert, bis er sie auf die ganz große Reise schickt (in Matthäus 28,18-20). Das ist das Urbild: Jesus prägt das Leben seiner Leute. Voller Gnade – und tüchtig herausfordernd.

Das Urbild der Veränderungsarbeit: Jesus prägt das Leben seiner Leute. Voller Gnade – und tüchtig herausfordernd.

Gerade in den Überlegungen zur Zukunft der Kirche und ihrer Sendung in die Gesellschaft spielt dieses Urbild eine zunehmend große Rolle: Wie sähe denn eine Kirche aus, in der nicht mehr das meiste zuverlässig von Hauptamtlichen geleistet wird? Wie sähen Gemeinden aus, die – endlich! – Gemeinschaften der Begabten und nicht länger Fälle pastoraler Betreuung wären? Es wären sicher Gemeinschaften, die nicht nur fleißige Ehrenamtliche bräuchten, sondern von Jesus geprägte und vom Heiligen Geist begabte Christinnen und Christen. Und das eine ist nicht immer mit dem anderen identisch. Das aber ist nicht den fleißigen Ehrenamtlichen anzulasten. Wir haben oft viel zu wenig darüber nachgedacht, wie Menschen im Glauben auch wachsen können. Wie Erwachsene zum Glauben kommen, ist ein Thema, das seit Jahrzehnten bedacht wird. Aber wie Glaubende erwachsen werden, das ist noch eine gemeindliche Baustelle.

Nun könnte man denken, das Thema des geistlichen Wachstums, wie es Steffen Tiemann anfasst, hätte nur diesen Sinn: den Gemeinden auf die Beine zu helfen. Aber so packt es der Autor nicht an. Er sieht durchaus den *einzelnen* Menschen an und fragt, wie eigentlich der Glaube mehr sein kann als eine religiöse Überzeugung. Manche Studie[2] hat gezeigt, dass sich das tatsächliche Leben von Christen und Nicht-Christen (außerhalb der religiösen Sphäre) kaum von dem anderer Menschen unterscheidet. Bliebe es dabei, dann würden wir das Potenzial des Evangeliums gar nicht abrufen. Nicht dass es dann sinnlos wäre, aber es wäre doch mehr als bedauerlich, wenn unser Glaube keinen heilsamen Einfluss auf unsere Beziehungen und unsere Seele, auf unsere Arbeit und unseren Umgang mit der Schöpfung, auf unsere Verletzungen und unsere problematischen Charakterzüge hätte.

Manche Schriften zu diesem Thema schießen freilich ein wenig über das Ziel hinaus. Sie stehen oft in einer langen theologischen Tradition, die sehr zuversichtlich auf die möglichen Veränderungen des Lebens schaut, also – mit dem Fachwort gesprochen – der Heiligung viel zutraut und zumutet. Man kann natürlich auch der möglichen Heiligung *zu wenig* zutrauen; dann ist es relativ egal, wie das Leben des getauften und vielleicht sogar bekehrten Menschen aussieht. Das Pendel schwingt immer ein wenig hin und her.

Steffen Tiemann ist ein Entwurf gelungen, der die Kraft der Veränderung hoch schätzt, zugleich aber die Erwartungen einhegt: Zum einen weiß er, dass die Veränderung »Gottes Werk und des Menschen Beitrag« ist (ich mag einfach Autoren, die Kino-Anspielungen machen!). Der Mensch wird hier aber nicht aufs Neue zum gottlosen Versuch animiert, sich selbst neu zu erschaffen. Zum anderen begrenzt Steffen Tiemann die Erwartungen: Ja, wir können und sollen uns verändern, aber am Ende des Tages bleiben wir zeitlebens *Sünder und Gerechte* zugleich.

Nicht nur das: Als jemand, der schon viele Jahre selbst in der Nachfolge Jesu lebt und als Pastor arbeitet, weiß Steffen Tiemann auch um die ganz menschlichen Hinderungsgründe, die jede Veränderung auch zu echter Arbeit werden lassen. Wer schon einmal alte Gewohnheiten ändern wollte, weiß, worum es hier geht. Und doch sind wir lernfähig – bis ins hohe Alter. Ohne diese Rahmenbedingungen müssten wir bei unserem Streben nach Veränderung entweder im hochmütigen Stolz – wenn wir meinen, sehr weit gekommen zu sein – oder in abgrundtiefer Verzweiflung – wenn wir wieder auf die Nase gefallen sind – enden.

Sieben Pfade sollen wir nun mit dem Autor beschreiten, im Grunde sieben geistliche Übungen auf dem Übungsweg des Glaubens. Um im Bild zu bleiben: Es sind keine ausgetretenen Pfade, auch wenn einem manches schon einmal an anderer Stelle begegnet ist (wie z. B. die Dankbarkeitsübungen beim siebten Pfad). Beim Lesen merkt man bald: Der Verfasser führt uns durch sehr verschiedene Aspekte unseres Menschseins. Der Verstand bekommt gleich zu Beginn sein Recht (beim »Pfad der Erkenntnis«), wird aber nicht nur intellektuell, sondern auch kontemplativ adressiert. Es geht dann weiter um eine kräftige Motivation wie um einen festen Willen. Ganz wichtig ist auch die Entscheidung, den Einzelnen anzusprechen, ihn aber sofort (beim »Pfad der Gemeinschaft«) auf die anderen zu verweisen, die mit unterwegs sind, und damit auf die notwendige gegenseitige Unterstützung. Am besten lernt man eben in Beziehung. Was das mit dem Besteigen des Kilimandscharo zu tun hat, … müssen Sie selbst lesen!

Das eigene Lesen soll jetzt auch nicht länger durch sich dehnende Vorbemerkungen aufgehalten werden! Nur eins noch, liebe Leserin und lieber Leser: Lassen Sie sich die Aufgaben am Ende der Kapitel (»Check«) nicht entgehen. Gerade mit den »Impulsen zum (Selbst-)Gespräch« gewinnt die Lektüre an Dichte und Nachhaltigkeit. Aber Vorsicht: Das könnte Ihr Leben verändern!

Schaue ich ein letztes Mal hin und her – zwischen Stephen und Steffen –, dann kommt mir ein Gedanke: Vielleicht ist es an der Zeit, dass wir als Christen auch ein Bild vom guten Leben vor Augen haben. Ein Zielfoto, das uns zeigt, wer wir werden können und an welchem Ziel wir ankommen möchten. Da uns aus purer Gnade und um Christi willen die Zielankunft beim ewigen Ziel versprochen ist, können wir die Pfade zu unseren irdischen Zielen entspannt und etwas spielerisch angehen, aber angehen sollten wir sie. Ein von Jesus geprägtes Leben. Stück für Stück geheilt und verändert. Eine großzügige, demütige und barmherzige Gemeinschaft. Aus Gnade, bis zum letzten Atemzug. Was wäre es doch schön und auch für andere attraktiv, wenn man von uns Christenmenschen sagen könnte: »Ganz der Meister!«

Prof. Dr. Michael Herbst
Viereth-Trunstadt bei Bamberg, den 20. Februar 2023

VORBEMERKUNG

Meine Frau und ich wandern gerne. An der Mosel, am Rhein und in der Eifel gibt es unzählige Wege, die man entdecken kann. Immer wieder finden wir neue Pfade. Manche sind breit und gut beschildert. Manche sind zugewachsen und kaum begangen. Doch jeder Pfad eröffnet ungewohnte Ausblicke und führt uns in herrliche Landschaften. Jeder ist einzigartig und wunderschön. Natürlich könnten wir immer den gleichen Weg nehmen, den, den wir schon kennen. Aber dann würde uns so viel entgehen!

In diesem Buch stelle ich Ihnen sieben Pfade vor. Es sind Pfade, die zu Veränderung führen, auf denen Gott verändernd in unser Leben hineinwirkt. Einige dieser Strecken sind breit ausgebaut und gut beschildert wie ein Premium-Wanderweg. Andere sind schmal und überwuchert und wenig bekannt. Doch jeder dieser Pfade hat das Potenzial, uns zu verwandeln. Gott wirkt auf diesen Wegen und bringt den Glauben vom Kopf ins Herz und in die Glieder.

Dieses Buch wäre nicht entstanden ohne die Menschen, die mich in den letzten Jahren begleitet und mit mir dieses Thema erarbeitet haben. Deshalb möchte ich ihnen an dieser Stelle danken. Es sind Fachleute aus unterschiedlichen Disziplinen, aus Theologie und Pädagogik, Psychologie und Soziologie. Gemeinsam haben wir vor einigen Jahren einen interdisziplinären Arbeitskreis gebildet, in dem wir intensiv an der Frage gearbeitet haben, auf welchen Wegen geistliche Veränderung geschieht und wie der Glaube ins Leben greift. Wir haben zusammengetragen, was in den unterschiedlichen Wissenschaften über Verhaltensänderung und Lernprozesse gelehrt wird, und überlegt, wie das mit biblischen Aussagen zusammenpasst. Wir haben diskutiert und gebetet und Modelle entworfen. Viele Ideen und Einsichten, die wir dort gewonnen haben, sind in dieses Buch eingeflossen. In diesem Arbeitskreis mitgewirkt haben: Pastor Jörg Ahlbrecht, Prof. Dr. Henning Freund, Dr. Martina Geigle, Pfarrer Jörg Gintrowski, Prof. Dr. Nahamm Kim, Prof. Dr. Tobias Künkler, Gemeindepädagoge Tobias Müller, Pfarrer Martin Rauh und Pfarrerin Dr. Anke Wiedekind. Vielen Dank euch allen! Es war eine enorm inspirierende Zeit, die ich nicht missen möchte.

Vieles von dem, was in dieser Zeit entstanden ist, möchte ich nun Ihnen, liebe Leserin, lieber Leser, weitergeben. Ich wünsche Ihnen, dass das Buch Sie ermutigt, neue Pfade in Ihrem Glaubensleben auszuprobieren, und dass Sie erleben, wie Veränderung in Ihrem Leben real wird.

1

WIE DER GLAUBE INS LEBEN GREIFT

1

KUPPLUNG KAPUTT

Vor vielen Jahren, als ich in Tansania lebte, fuhr ich einen alten Toyota Hilux Pick-up. Irgendwann merkte ich, dass die Betätigung des Gaspedals nicht mehr die gewohnte Beschleunigung brachte. Der Wagen kam nicht in Fahrt, obwohl ich richtig Gas gab. Ich hatte keine Idee, woran das liegen könnte, schaffte es aber zum Glück noch bis zur nächsten Werkstatt. Dort nahmen sie den Wagen auseinander und etwas später zeigte mir der Werkstattleiter, wo das Problem lag: Die Kupplung war defekt.

Zum ersten Mal sah ich, wie eine Kupplung von innen aussieht und wie sie funktioniert. Zwei Scheiben liegen da aneinander. Die eine Scheibe, das Schwungrad, ist über die Kurbelwelle mit dem Motor verbunden. Gibt man Gas, dann dreht sie sich. Die andere Scheibe, Kupplungsscheibe genannt, ist über das Getriebe mit den Rädern verbunden. Wenn sie sich dreht, drehen sich auch die Räder und der Wagen fährt. Bei einer funktionierenden Kupplung liegen die beiden Scheiben aneinander und sind durch stark haftendes Material miteinander verzahnt, sodass sich die Bewegung der einen Scheibe sofort auf die andere überträgt. Sie sind miteinander »verkuppelt«. Wenn man das Kupplungspedal tritt, werden die beiden Scheiben mechanisch auseinandergezogen, damit man zum Beispiel einen anderen Gang einlegen kann.

Bei meiner Kupplung waren die Scheiben abgenutzt. Die rauen Oberflächen waren glatt gerieben und griffen nicht mehr ineinander. Wenn ich Gas gab, drehte sich das Schwungrad, aber die Kupplungsscheibe drehte sich nicht mit. Deshalb konnte sich die Kraft des Motors nicht auf die Räder übertragen.

Beim Christsein gibt es ein ähnliches Phänomen. Glaube und Leben sind wie Motor und Räder. Der Glaube bewegt und verändert das Leben. Er ist die Antriebskraft, die sich auf die Lebensgestaltung auswirkt, wenn Glaube und Leben ineinandergreifen. Doch an dieser Stelle kann es Probleme geben. Nicht wenige Christenmenschen haben den Eindruck, dass bei ihnen der Glaube nicht mehr das Leben berührt. Es bewegt sich nichts.

Am Anfang ihres Glaubenswegs haben sie vielleicht einen geistlichen Schub erlebt. Ihr Herz war voll Begeisterung für Gott. Sie haben angefangen zu beten, haben manche guten Gewohnheiten entwickelt und das ein oder andere Laster abgelegt. Doch ganz allmählich begann ihr Christenleben zu erstarren. Das Gebet wurde zur Routine, die neuen Gewohnheiten zur Tradition und manche Laster blieben ihnen erhalten.

Die Gedanken rotieren wie ein Schwungrad, aber sie greifen nicht ins Leben.

Seit Jahren sitzen sie im Gottesdienst und hören Predigten, ohne dass sich das konkret auf ihr Leben auswirkt. Sie diskutieren im Hauskreis über Bibeltexte und denken: »Eigentlich müsste man ...«, »Eigentlich sollte ich ...« Die Gedanken rotieren wie ein Schwungrad, aber greifen nicht ins Leben. Der mentale Motor dröhnt, doch sie treten auf der Stelle und kommen über das Stadium des »Eigentlich« nicht hinaus.

Schon öfters haben sie sich vorgenommen, bestimmte Sachen in ihrem Leben zu verändern, ein schmerzliches Thema anzugehen oder eine hässliche Angewohnheit endlich zu überwinden. Aber der Vorsatz ist schnell gescheitert und alles ist geblieben, wie es war. Die Sehnsucht nach Veränderung ist noch da. Doch sie ist durch die vielen Rückschläge schüchtern und leise geworden, wie ein höflicher Untermieter, der in der Dachkammer wohnt und sich kaum bemerkbar macht. Und manche sind nahe an dem Punkt, wo die Sehnsucht in Resignation umschlägt.

Ein Gemeindeglied, nennen wir es Wolfgang, sagte mir auf einer Autofahrt in einem leicht trotzigen Ton: »Ich bin nun mal, wie ich bin.« Er war ein treuer Gottesdienstbesucher, las regelmäßig in der Bibel und betete. Er wollte ernsthaft als Christ leben. Aber er war gleichzeitig ungeheuer stur, rechthaberisch und streitsüchtig. Mit unzähligen Leuten war er verkracht. Eine Bitte um Entschuldigung lag ihm so fern wie der Mond. Zwar wusste er, dass sein Christsein und seine Streitsucht nicht so recht zusammenpassten. Er hatte sich schon mehr als einmal vorgenommen, sanfter und freundlicher zu werden. Aber sobald er in eine Konfliktsituation kam, war der Vorsatz wie weggepustet. Sein Glaube konnte sein Alltagsverhalten nicht formen. Inzwischen hatte er resigniert, und als ich ihn bei unserer Autofahrt darauf ansprach, winkte er ab: »Ich bin nun mal, wie ich bin! Da ändert sich nichts mehr.«

Doch so muss es nicht sein. Gott sei Dank! Ich habe Menschen kennengelernt, bei denen es ganz anders war. Menschen, bei denen der Glaube das Leben in Bewegung gebracht und tief greifend verändert hat. So war es bei Susanne (so will ich sie hier einmal nennen). Sie war eine schüchterne Person, die ein ziemlich negatives Bild von sich selbst hatte und für die Gott ein bedrohliches Wesen war. Dann kam es in der Mitte ihres Lebens zu einer einschneidenden Glaubenserfahrung. Sie entdeckte und spürte, dass Gott sie liebt. Diese Begegnung mit Gottes Liebe hat Susanne verwandelt. Sie ist regelrecht aufgeblüht. Da ist eine tiefe Liebe zu Gott gewachsen, ein gesundes Selbstbewusstsein und ein Mut, auch vor vielen Leuten von ihrem Glauben zu reden. Sie kann über die eigenen Defizite schmunzeln, übernimmt Verantwortung für andere Menschen und arbeitet engagiert in der Gemeinde mit. Der Glaube greift in ihr Leben und führt zu lauter positiven Veränderungen.

So viel Leben im Konjunktiv, aber so wenig echte Veränderung!

Es gibt viele weitere Beispiele dieser Art. Ich kenne Menschen, die durch den Glauben von Süchten befreit wurden, die Versöhnung in einer schwierigen Beziehung erlebt oder neue Lebensfreude gefunden haben. Gott wirkt in ihr Leben hinein, löst erstarrte Verhaltensmuster auf und bringt eine positive Energie in ihren Alltag.

Seit vielen Jahren beschäftigt mich die Frage: Wieso hat der Glaube bei manchen Menschen wie Susanne so eine lebensverändernde Kraft, während er bei anderen wie Wolfgang so folgenlos bleibt? Was macht den Unterschied?

Ich bin Pfarrer und stelle mir diese Frage einerseits als Verantwortlicher in der Gemeinde: Was können wir als Hauptamtliche tun, damit der Glaube das Leben der Gemeindeglieder verwandelt? Wie können wir Menschen besser dabei unterstützen, ihr Leben von Gott prägen zu lassen?

Andererseits ist es aber zugleich meine persönliche Frage. Denn was ich bei anderen beobachte, das kenne ich nur zu gut von mir selbst: So viele gute Vorsätze zum Jahreswechsel, die kaum über den Januar hinausreichen. So viel Leben im Konjunktiv – man könnte, sollte, müsste –, aber so wenig echte Veränderung! Wie kann ich geistlich in Bewegung bleiben? Wie funktioniert die Kupplung?

2

DIE RELEVANZ
DES THEMAS

Vielleicht ist Ihnen dieses Problem vertraut. Vielleicht empfinden Sie ebenfalls, dass eine Lücke klafft zwischen Ihrem Glauben und Ihrem Leben, zwischen Einsicht und Umsetzung, zwischen Wissen und Taten. Und vielleicht stellen Sie sich auch diese Frage: Wie gelingt Veränderung?

Vielleicht sehen Sie hier aber auch überhaupt kein Problem. »Na klar«, sagen Sie, »es gibt Defizite. Ich halte nicht alle Gebote und setze nicht alles um, was Jesus gesagt hat. Aber das ist doch kein Grund zur Aufregung! Gott liebt mich schließlich so, wie ich bin. Das ist ja der Kern des Evangeliums. Dieses ganze Bemühen um Veränderung führt doch nur zu einem großen Krampf, zu Gesetzlichkeit und Schuldgefühlen. Den Stress sollten wir uns erst gar nicht machen!«

Wer so argumentiert, stellt allerdings das Evangelium auf den Kopf. Ja, es ist wahr: Gott liebt uns so, wie wir sind, trotz aller Defizite. Und ja, es ist wahr: Ein krampfhaftes Bemühen um Veränderung, womöglich um Gottes Zuneigung zu gewinnen, führt zu nichts Gutem. Aber es wäre völlig verkehrt, daraus den Schluss zu ziehen, dass die Frage, wie es zu einer Lebensveränderung durch den Glauben kommt, irrelevant ist. Ich möchte Ihnen drei Gründe nennen, warum das Thema für jeden Christen ganz oben auf die Agenda gehört.

1. Gottes Wunsch und Verheißung

Gott möchte unser Leben berühren, prägen, wandeln. Wir sehen das in der Bibel. Dieses Buch ist voller Veränderungsgeschichten. Wo immer Menschen mit Gott in Kontakt kommen, wird Leben transformiert. Besonders stark ist das in den Evangelien zu beobachten. Menschen begegnen Jesus und erleben tief greifende Wandlungen: Geizhälse werden großzügig, Besessene werden frei, Skeptiker fassen Vertrauen, Fanatiker fangen an zu lieben, Verzweifelte schöpfen Hoffnung, Huren werden Heilige und Scheinheilige legen ihren Heiligenschein ab.

Diese Veränderungen sind weder zufällig noch beiläufig, sondern gewollt und verheißen. Jesus ruft Menschen zur Umkehr auf, also zu einer Erneuerung des Lebens, die Denken **Huren werden** und Handeln umfasst. Er fordert sie auf, ihm **Heilige und Schein-** nachzufolgen und von ihm zu lernen. Jesus **heilige legen ihren** verspricht, dass sich auf diese Weise ihr Leben **Heiligenschein ab.** in guter Weise ändern wird: »Wer in mir bleibt und ich in ihm, der bringt viel Frucht« (Johannes 15,5). Wir müssen nicht bleiben, wie wir sind. Erneuerung ist möglich: »Ist jemand in Christus, so ist er eine neue Kreatur; das Alte ist vergangen, siehe, Neues ist geworden« (2. Korinther 5,17). Wo Christus unser Leben berührt, entsteht ein Raum der Freiheit. Es ist, als ob er uns die Zwangsjacke des Ich-bin-halt-wie-ich-bin auflöst und uns neue Beweglichkeit schenkt. »Wo aber der Geist des Herrn ist, da ist Freiheit«, schreibt der Apostel Paulus (2. Korinther 3,17).

Unsere Aufgabe ist es, diese neue Freiheit in Anspruch zu nehmen und neue Bewegungen einzuüben. Darum fordern die neutestamentlichen Briefe immer wieder dazu auf, in einer Jesusgemäßen Weise zu leben. »Wie ihr nun angenommen habt den Herrn Christus Jesus, so lebt auch in ihm« (Kolosser 2,6). Es geht dabei nicht um Selbstoptimierung oder darum, uns auf diesem Weg Gottes Zuneigung zu erarbeiten. Wir wollen unser Leben nicht verändern, *damit* Gott uns liebt. Sondern *weil* er uns liebt, bedingungsfrei und sicher, können und wollen wir uns von seiner Liebe anstecken lassen.

> Die vielen Imperative im Neuen Testament gründen in einem großen Indikativ: Weil Christus uns erlöst hat, sollen wir nun wie Erlöste leben. Werde, was du schon bist!

Die vielen Imperative im Neuen Testament gründen in einem großen Indikativ: Weil Christus uns erlöst hat, sollen wir nun wie Erlöste leben. Werde, was du schon bist! Wachse in die Gotteskindschaft hinein, die Christus dir schon geschenkt hat! So kann man den Grundtenor des Neuen Testaments zusammenfassen.

Wenn also Gott ein so großes Interesse daran hat, dass sich unser Leben zum Guten verändert – wie könnte uns das dann nicht interessieren?!

2. Unsere wahre Identität

In den westlichen Gesellschaften stehen Autonomie und Glück ganz oben auf der Wunschliste. Wir sehnen uns danach, dass sich in unserer kurzen Lebensspanne unsere Persönlichkeit entfalten kann, dass wir unsere individuellen Möglichkeiten ausleben und ein Maximum an Chancen und schönen Erfahrungen verwirklichen können. Auf den ersten Blick scheint Jesus diese Träume zu zerstören. Er fordert uns auf, ihm als Herrn und Meister nachzufolgen und seinen Willen über unseren zu stellen. Er mutet uns sogar zu, unser Leben an ihn hinzugeben. Das ist der Tod unserer individualistischen Wünsche, Pläne und Ambitionen. Aber paradoxerweise kommt gerade so unsere tiefste Sehnsucht zur Erfüllung. »Wer sein Leben um meinetwillen verliert«, verspricht Jesus, »wird es finden« (vgl. Matthäus 16,25). Wenn wir uns an Christus und seine Liebe hingeben, entdecken wir, wer wir wirklich sind. Wenn wir unsere Selbstsucht aufgeben, finden wir unser wahres Selbst. Das ist ein tiefes Geheimnis.

Durch die Sünde sind wir ja nicht nur von Gott entfremdet, sondern auch von uns selbst. So viel ist in uns verzerrt und verbogen, verletzt und verkümmert, dass wir gar nicht wissen, wer wir eigentlich sind. Wenn wir Gott nahekommen, kann sich etwas zum Guten verändern. Seelische Verletzungen genesen, Verhärtungen lösen sich, und was in uns verkümmert ist, kommt zur Entfaltung. Durch Christus entdecken wir die Bestimmung, die der Schöpfer in unser Leben hineingelegt hat: Gottes Ebenbilder und Partner zu sein, die in Freiheit und Würde, in Liebe und Gerechtigkeit diese Welt gestalten. All die Möglichkeiten, die Gott uns eingepflanzt hat, können sich entfalten, wenn seine Liebe uns berührt.

> Die Liebe Christi lässt unser Potenzial aufgehen und unser wahres Selbst zur Entfaltung kommen.

Vielleicht haben Sie schon einmal in einem Naturfilm gesehen, wie eine Wüste zu blühen beginnt, wenn der Regen fällt. Farblose Ödnis verwandelt sich in kurzer Zeit in ein Blumenmeer. So ist es, wenn die Liebe Christi auf unser Leben fällt: Sie bringt das Beste aus uns hervor, lässt unser Potenzial aufgehen und unser wahres Selbst zur Entfaltung kommen.

Thomas Merton führte als Student im New York der 1930er-Jahre ein umtriebiges Leben. Er hatte großes Talent, war voller Potenzial. Er hätte als Journalist oder Schriftsteller Karriere machen können. Aber dieser junge Mann war voller Unruhe. Er fühlte sich getrieben, war planlos und ohne Ziel. Er wusste nicht, was das Leben soll und wozu er auf diesem Planeten ist – bis er zum Glauben an Gott fand. In der ihm eigenen Radikalität entschloss Merton sich, als Mönch sein Leben ganz an Gott hinzugeben. Er wählte den strengsten Orden, den er finden konnte, und trat den Trappisten bei. In diesem Leben einer radikalen Hingabe an Gott fand er seine eigene Identität, sein wahres Selbst. So wurde er zu einem der großen Mystiker des 20. Jahrhunderts. Treffend formuliert er:

Wenn Gott seine eigene Liebe in mich sendet, um in mir und in allem, was ich tue, zu handeln und zu lieben, dann werde ich verwandelt werden und ich werde entdecken, wer ich bin, und ich werde meine wahre Identität besitzen, indem ich mich in ihm verliere.[3]

Wenn wir es wagen, unser Leben an Gott hinzugeben, werden wir entdecken: Gott lässt sich nichts schenken, was er uns nicht vielfach und geadelt zurückschenkt. Heiligung ist kein krampfhaftes Besser-werden-Wollen, sondern ein Heilwerden, Ganzwerden und Selbstwerden. Es ist das Beste, was man einem Menschen wünschen kann.

3. Glaube strahlt aus

Ein Glaube, der sich positiv auf das Leben auswirkt, macht andere neugierig. Dieter ist ein ganz normaler Zeitgenosse. Er ist nicht gegen Religion und Kirche, aber der Glaube spielt für ihn einfach keine Rolle. Dieter hat eine Kollegin namens Inge. Die geht seit einiger Zeit zur Kirche, wie sie ihm erzählt. Dieter ist überrascht, macht sich aber keine großen Gedanken darüber. Doch in letzter Zeit fällt ihm auf, dass Inge sich verändert hat: Irgendwie ist sie lebensfroher, hört aufmerksamer zu, kann auch mal einen Fehler eingestehen und kommt mit ihrer chronischen Krankheit besser klar. Inge hätte ihm lange theologische Vorträge halten können, warum das mit dem Glauben richtig ist. Die wären an Dieter einfach abgeperlt. Doch die Veränderungen machen ihn neugierig. Und als Inge ihm einmal vom Grund ihrer Hoffnung erzählt, da hört er genau hin.

In unserer spätmodernen Gesellschaft fragen die Menschen ja nicht, was wahr ist, sondern was wirkt. »Nur das, was den Menschen praktisch im Leben weiterzuhelfen verspricht, erhält Aufmerksamkeit«, formuliert der Theologe Christian Grethlein und bringt die Sache damit gut auf den Punkt.[4] Statt theologischen Argumenten zuzuhören, schauen unsere Zeitgenossen lieber, ob der Glaube guttut, ob er etwas bewirkt. Und wenn sie beobachten, dass das der Fall ist, entsteht eine große Offenheit, sich selbst auf diesen Glauben einzulassen. Ein Glaube, der das Leben in guter Weise beeinflusst, hat enorme missionarische Ausstrahlung.

So war es übrigens schon in der Urkirche. In einer umfangreichen Studie hat der Religionssoziologe Rodney Stark herausgestellt, dass es vor allem das Leben der frühen Christen war, das ihre heidnischen Zeitgenossen auf den neuen Glauben neugierig machte. Sie sahen an ihnen eine Liebe, die jedem Menschen Wert gab. Sie erlebten an ihnen eine Hoffnung, die keine Furcht vor dem Tod kannte. Sie beobachteten eine Herzlichkeit im Miteinander, die ungeheuer attraktiv war. Diese Lebensweise war es, die immer mehr Menschen dazu führte, die Botschaft der Christen anzunehmen.[5]

Ein Glaube, der das Leben verwandelt, strahlt aus und steckt an. So ist es bis heute. In der Gemeindearbeit erlebe ich immer wieder, dass Menschen sich für Gott öffnen, weil sie bei den Leuten in der Gemeinde etwas gesehen und gespürt haben: »Die strahlen etwas aus, was mich neugierig macht. Deswegen bin ich wiedergekommen.« Wenn aber umgekehrt der Glaube nur als theologischer Standpunkt wahrgenommen wird, als Behauptung ohne sichtbare Folgen, als eine Meinung ohne ein Mehr an Liebe, an Freude oder Kraft, dann werden unsere Zeitgenossen lieber darauf verzichten, und mögen die Argumente für diesen Glauben noch so gut sein. Nietzsches Bemerkung, dass die Christen erlöster aussehen müssten, wenn er an ihren Erlöser glauben solle, bringt es bitter auf den Punkt. Wer eine glaubwürdige Kirche will, wird sein Bestes geben, damit Erlösung im Leben der Erlösten sichtbar wird.

Ein Glaube, der das Leben verwandelt, steckt an.

Es ist wichtig, dass der Glaube an Christus nicht im Kopf bleibt, sondern das Leben berührt. Es ist wichtig um Gottes willen, um unserer selbst willen und um der Glaubwürdigkeit unserer Botschaft willen!

Heiligung und Reife, Transformation und Nachfolge

Bevor wir uns der Frage zuwenden, wie der Glaube das Leben verändert, lassen Sie uns noch kurz über die Terminologie sprechen. Es ist gar nicht so einfach, das Thema dieses Buches auf einen Begriff zu bringen. Man kann die geistlichen Veränderungsprozesse, um die es hier geht, mit unterschiedlichen Wörtern bezeichnen. In der Theologie spricht man klassischerweise von der Heiligung, meist im Zusammenhang mit der Rechtfertigung. Das Wort ist biblisch und gut. Mit ihm wird hervorgehoben, dass wir durch Jesus zum heiligen Gott gehören, dessen Wesen sich auf uns als seine Kinder abfärbt. Allerdings ist das Wort unserer Gesellschaft ziemlich fremd geworden und wird schnell im Sinne einer Selbstvervollkommnung missverstanden.

Vielfach wird auch davon gesprochen, dass Christen im Glauben wachsen können und sollen. So richtig das ist – der Begriff des Wachsens legt das Missverständnis nahe, dass der Glaube im Laufe des Lebens immer größer und besser wird. Angemessener ist es da, vom Reifen des Glaubens zu sprechen. Es geht ja darum, dass sich die Beziehung zu Gott und der eigene Charakter in einer Jesus-gemäßen Weise entwickeln und erwachsen werden.

In der angelsächsischen Christenheit ist in den letzten Jahrzehnten ein Terminus populär geworden, der aus der katholischen Tradition stammt: *spiritual formation*. Hiermit wird ausgedrückt, dass der christliche Glaube auf eine von Gottes Geist gewirkte Formung unseres Lebens und Verhaltens zielt. Allerdings gibt es dafür bisher im Deutschen keine passende Übersetzung.

Der Aspekt der Formung wird an einer entscheidenden Stelle bei Paulus aufgegriffen. Er spricht davon, dass unser ganzes Leben durch Christus umgestaltet wird. Die lateinische Übersetzung dafür ist Transformation. Dieser Terminus wird heute meist im Sinne einer gesellschaftlichen Umgestaltung verwendet. Gesellschaftstransformation wurzelt allerdings in persönlicher Transformation.[6]

Mit Dietrich Bonhoeffer könnte man unsere Thematik auch unter den Titel Nachfolge stellen. Hier wird ein zentrales Kennzeichen christlicher Existenz aufgegriffen. Beim Christsein geht es um ein Folgen, also eine Bewegung hinter dem Meister her. Mit diesem Wort wird die eigene Aktivität in den Vordergrund gerückt, was wichtig, aber eben doch nur ein Aspekt unseres Themas ist.

Eine weitere Möglichkeit ist, unsere Thematik unter den Begriff der Jüngerschaft zu stellen. Dieses Wort klingt nicht besonders hübsch, bringt aber gut zum Ausdruck, dass es sich beim Christsein um einen Übungs- und Lernprozess in der Schule von Jesus handelt. In diesem Sinne hat das Wort eine zentrale Bedeutung für unsere Überlegungen.

Entscheidend sind jedoch nicht die Begriffe, sondern die Sache, die sie alle auf unterschiedliche Weise umschreiben: Christsein ist mehr als die Zugehörigkeit zu einer Religion, mehr **Christsein ist ein dynamischer, lebenslanger Prozess.** als ein spirituelles Gefühl und mehr als ein theologischer Standpunkt, auf dem man sein Leben lang beharrt. Christsein ist ein dynamischer, lebenslanger Prozess, in dem unsere Beziehung zu Jesus Christus in die Tiefe wächst, reifer wird und sich positiv auf das ganze Leben auswirkt.

Christsein ist mehr als die Zugehörigkeit zu einer Religion, mehr als ein spirituelles Gefühl und mehr als ein theologischer Standpunkt.

3

GOTTES WERK
UND UNSER BEITRAG

Wie greift nun der Glaube ins Leben? Wieso gelingt das bei Susanne so gut und warum tut sich Wolfgang damit so schwer? Wieso schaffe ich es manchmal, eine biblische Einsicht umzusetzen, und weshalb gelingt es mir so häufig nicht? Wie funktioniert die Kupplung?

Wer sich diese Frage ernsthaft stellt, merkt schnell, dass es hier keine simplen Antworten gibt. Weder können wir die Verantwortung einfach auf Gott abschieben, etwa mit dem Verweis, dass ja nur Gott geistliche Erneuerung bewirken kann. Damit würden wir es uns zu bequem machen. Noch können wir so tun, als sei alles bloß eine Frage von Willensstärke und Entschlossenheit, so als ob wir uns am eigenen Schopf aus dem Sumpf ziehen könnten, wenn wir es nur ernsthaft wollten. Geistliche Veränderungen vollziehen sich in einem komplexen Miteinander von göttlichem und menschlichem Wirken. Heiligung ist ein Joint Venture, in dem Gott und Mensch kooperieren.

Aus Gottes Gnade

Am Anfang jeder geistlichen Veränderung steht Gnade. Gnade – das ist Gottes bedingungsfreie Zuneigung, sein felsenfestes Ja zu mir trotz all meiner Macken, Schuld und Schatten. Gnade, die vergibt und mir die Freiheit zum Neuanfang schenkt. Gnade, die liebt, auch wenn da scheinbar nichts Liebenswertes ist. Solche Gnade hat ein enormes Veränderungspotenzial. Sie kann uns von innen her erneuern.

Das war vor über 500 Jahren die Schlüsselerfahrung von Martin Luther. Jahrelang hatte er sich als Mönch bemüht, sein Leben zu verändern und ein guter Mensch zu werden. Doch es blieb alles nur Kampf und Krampf, weil sein Herz voller Angst war. Angst, nicht zu genügen und von Gott verworfen zu werden. Er wollte Gott lieben und konnte es nicht, weil er sich vor seiner Strafe fürchtete. In einem Klima der Angst kann keine Liebe wachsen. Während er die Heilige Schrift studierte, entdeckte Luther die Gnade: Gott schenkt uns seine Gerechtigkeit unverdient um Christi willen. Er bringt uns mit sich ins Reine ohne unser Zutun, aus reiner Zuneigung. Und mit einem Mal erlebte der Mönch, wie im Raum dieser Gnade Liebe und Vertrauen sprossen, Lust auf Gott und aufs Gebet, Lust, anderen Menschen Gutes zu tun. All das, worum er sich so verkrampft bemüht hatte, erfüllte sein Herz, als er Gnade erfuhr. Luther selbst beschreibt es so: »Also fließet aus dem Glauben (an Gottes Gnade) die Liebe und Lust zu Gott und aus der Liebe ein freies, williges, fröhliches Leben, dem Nächsten zu dienen umsonst!«[7]

Wenn Menschen sich selbst oder andere verändern wollen, verfolgen sie gewöhnlich die Strategie von Belohnung und Bestrafung: Es ist das alte Spiel von Zuckerbrot und Peitsche, das man tausendfältig variieren kann. Solche Strategien können das äußere Verhalten formen. Mehr nicht. Gnade setzt viel tiefer an. Sie verändert von innen her. Sie berührt das Herz. Wenn Gott mich uneingeschränkt liebt, dann kann ich vor ihm ehrlich werden. Ich muss das Dunkle, das in meinem Inneren wohnt und das die Bibel Sünde nennt, nicht mehr verstecken, verdrängen, verleugnen, sondern kann es vor Gott eingestehen und erfahren, dass seine Gnade die Schuld tilgt. Das Böse kommt ans Licht und verliert seine Macht. Wenn Gottes Liebe mich berührt, kann das Herz weit werden. Da strömt eine neue Energie in mich hinein, die mich wärmt und motiviert. Liebe zündet Liebe an und lässt lauter Gutes in uns entstehen.

Gnade ist der Schlüssel für jede geistliche Veränderung. Sie steht am Anfang unserer geistlichen Lebensreise und trägt uns bis zum Ende. Dabei ist es nicht so, dass die Gnade einen Anfangsimpuls setzt, durch den wir zu immer neuen geistlichen Höhen fortschreiten, sodass wir der Gnade nicht mehr bedürfen. Diese Vorstellung gab es ja in der Christenheit immer wieder: Wenn wir uns nur ernsthaft bemühen, dann können wir durch die Gnade Gottes die Sünde in uns ausmerzen und wahrhaft heilige, vollkommene Menschen werden. Wer sich diesen Träumen hingibt, endet unweigerlich in Selbsttäuschung, Heuchelei oder Verzweiflung. Heiligung im biblischen Sinne meint nicht, dass wir allmählich »bessere« Menschen werden. Wir bleiben Sünder und leben von Gottes unverwüstlichem Erbarmen. Jeden Morgen fangen wir vor Gott bei null an, mit leeren Händen, mit nichts auf dem Konto. Und jeden Morgen ist seine Barmherzigkeit neu und füllt unser Herz mit frischer Liebe (Klagelieder 3,22-23).

Christliches Leben ist Leben aus Gnade. Doch diese Gnade führt nicht in Passivität und Lethargie. Sie ist keine »billige Gnade«. Darin sah Dietrich Bonhoeffer die große Gefährdung im Protestantismus: dass er die Gnade Gottes zur Schleuderware macht und

> Liebe zündet Liebe an und lässt lauter Gutes in uns entstehen.

Vergebung verspricht, ohne zur Umkehr zu rufen: »In dieser Kirche findet die Welt billige Bedeckung ihrer Sünden, die sie nicht bereut und von denen frei zu werden sie erst recht nicht wünscht.«[8]

In der Kraft des Heiligen Geistes

Echte Gnade ist teure Gnade. Echte Gnade lässt uns nicht, wie wir sind, sondern verändert uns von innen her durch die Kraft des Heiligen Geistes. Geistliche Transformation ist nicht das Ergebnis heroischer Entscheidungen oder eiserner Disziplin. Sie wird in der Bibel als Frucht beschrieben, die Christus durch den Geist in uns wachsen lässt (vgl. Galater 5,22-23; Johannes 15,5). Kein Baum kann eine Frucht aus sich herauspressen. Genauso wenig können wir in uns Güte, Demut oder Vertrauen durch Willensanstrengung hervorbringen. Das Wachsen einer Frucht ist ein Wunder des Schöpfers. Das gilt für die Äpfel am Baum wie für die Güte im Herzen. Dies Wunder geschieht, wenn Gottes Geist in unserem Inneren wirkt. Alle geistlichen Veränderungen sind ein Geschenk und Werk Gottes.

Doch wenn der Heilige Geist in uns wirkt, schließt das unsere Beteiligung nicht aus. Im Gegenteil: Gottes Geist bezieht unser Denken, Wollen und Tun mit ein. Er erhellt unseren Verstand, sodass wir neue Gedanken denken können. Er bewegt unseren Willen, sodass wir neue Motivation spüren. Wir werden vom Geist Gottes nicht ferngesteuert, sondern er eröffnet einen Raum der Freiheit, in dem Neues möglich wird, das wir dann tun können. Denn »wo der Geist des Herrn ist, da ist Freiheit« (vgl. 2. Korinther 3,17)!

> Der Heilige Geist verstärkt unser Wollen und beflügelt unsere Bewegung.

Ich bin seit Kurzem stolzer Besitzer eines E-Bikes und bin begeistert! Mit so einem Rad kommt man spielend alle Berge hoch. Es verschafft neue Beweglichkeit und neue Tourmöglichkeiten. Dabei nimmt mir der Motor das Strampeln nicht ab. Ich muss in die Pedale treten, damit der Motor in Gang kommt. Bleibe ich passiv, passiert nichts. Doch in dem Moment, wo ich in die Pedale trete, verstärkt der Motor meine Kraft und bringt mich voran. Es ist ein Ineinander und Miteinander von Muskelkraft und Technik. So ähnlich ist es mit dem Heiligen Geist. Er nimmt uns die Arbeit der Veränderung nicht ab, aber er wirkt in unserem Wirken mit. Wenn wir Schritte gehen, dann kommt seine Kraft in unseren Gang. Er verstärkt unser Wollen und beflügelt unsere Bewegung.

Spirituelle Veränderung ist also das Ergebnis einer Synergie, einer Zusammenarbeit zwischen dem Geist Gottes und uns. Wie genau diese Zusammenarbeit aussieht, wird von Siegfried Kettling treffend beschrieben:

(Das) göttliche Wirken lässt sich zu unserem Wirken eben nicht alternativ verstehen (Er oder wir), auch nicht additiv (Er und wir: 99 Prozent zu 1 Prozent), sondern »dimensional«. Die »Dimension« des göttlichen Handelns umschließt, umgreift, durchdringt und durchtränkt, ja trägt und ermöglicht unser Wirken. Gott handelt nicht so, dass er sein Geschöpf annulliert, sondern wie er uns den Willen schuf, so beginnt er, unseren Willen durch seinen Geist von innen her zu bestimmen.[9]

Diese Zusammenarbeit wird vom Apostel Paulus in Römer 12,2 auf den Punkt gebracht. Hier fordert er die Christen in Rom auf: »Metamorphouste!« Das griechische Wort ist grammatisch betrachtet ein Imperativ Passiv und bedeutet: »Lasst euch umwandeln!« Lasst es zu, dass Gott in euch Veränderung bewirkt! Geistliche Umgestaltung ist Gottes Werk. Doch es kommt darauf an, dass wir dieses Werk zulassen, indem wir seinem Geist Raum geben.

Geistliche Übungen

Wie können wir nun Raum schaffen für Gottes Wirken in uns? Eine wesentliche Hilfe dafür sind sogenannte geistliche Übungen. Das sind Praktiken, die sich seit Jahrhunderten in der Christenheit bewährt haben, um die Gottesbeziehung zu vertiefen.

Zu diesen geistlichen Übungen gehört in zentraler Weise das Gebet, also die persönliche Zwiesprache mit Gott. Im Gebet öffnen wir unser Herz für Gott und teilen unser Leben mit ihm. Eine weitere wichtige Übung ist das regelmäßige Lesen in der Bibel. Hier hören wir auf Gottes Worte und lassen sie einsinken in unsere Gedanken und Gefühle. Zu den geistlichen Übungen gehören auch Stille und Einsamkeit. Wir suchen Orte auf, wo wir ungestört sind und wo Raum ist für die Begegnung mit Gott. Es gibt geistliche Übungen, die wir in Gemeinschaft vollziehen, zum Beispiel gemeinsamer Lobgesang und die Feier des Abendmahls. Weitere Übungen sind Tagebuchschreiben, Fasten, Seelsorge und Beichte.

All diese Übungen sind keine Mittel, um Gottes Sympathie zu gewinnen. Sie sind auch kein Selbstzweck. Richard Foster, ein Theologe, der mit seinem Bestseller »Nachfolge feiern« dem Protestantismus die klassischen geistlichen Übungen in Erinnerung gebracht hat, schreibt:

(Durch die geistlichen Übungen) wird der Boden für das Wirken des Heiligen Geistes vorbereitet. Wir selbst werden dabei in die Erde gelegt, dahin, wo Gott am besten an uns arbeiten und uns verwandeln kann. Die Übungen an sich haben keinen Wert, sie können uns nur dahin bringen, wo etwas an uns und mit uns geschehen kann. Sie sind ein Weg, auf dem Gott seine Gnade an uns wirken lassen kann.[10]

Durch Gebet und Schriftbetrachtung, Stille und ehrliche Selbstreflexion öffnen wir dem Heiligen Geist die Tür in unsere inneren Gemächer. Es entsteht ein Raum in unserem Inneren, in dem Gott uns berührt und beeinflusst.

In der Nähe meiner früheren Gemeinde gibt es ein Kloster. Einmal im Monat fuhr ich dorthin, hatte ein Zimmer für mich und einen halben Tag Zeit für die Begegnung mit Gott. Es tat so gut, ohne Zeitdruck einen Bibeltext zu meditieren und bei langen Spaziergängen alles mit Gott zu besprechen, was mir auf dem Herzen lag. Ich übte mich im Schweigen und Hören und schrieb in mein Tagebuch, was mir an Fragen und Gedanken durch den Kopf ging. Immer wieder erlebte ich, wie in dieser Zeit die Seele aufging und der Heilige Geist seinen Einfluss auf mich ausübte. Immer wieder bekam ich an diesen Tagen eine neue Sicht auf mein Leben und konnte ein bestimmtes Problem aus einer anderen Perspektive betrachten. Ich erlebte, wie ich Enttäuschungen und Ärger vor Jesus verarbeiten konnte, wie mein zerbrechliches Vertrauen gestärkt wurde und wie Entschlüsse reiften. Oft waren diese Stunden im Kloster Schlüsselmomente für meine Arbeit in der Gemeinde und für mein persönliches Leben. Es war fast immer schwierig, mir so einen halben Tag freizuschaufeln. Mehrmals kam es vor, dass ich meinen Klostertermin kurzfristig wegen »dringlicher« Gemeindesachen absagte. Aber jedes Mal, wenn ich dorthin fuhr, kam ich gestärkt und erfrischt zurück.

Zeit mit Gott zu verbringen und geistliche Übungen zu praktizieren ist tatsächlich der Schlüssel zur Veränderung. Hier kann

Gott an unserem Herzen wirken und sein Geist in unser Leben hineinwehen. Anschaulich formuliert dies Jörg Ahlbrecht:

> (Geistliche Übungen) versetzen unser Leben in einen Zustand, in dem wir dem Geist Gottes eine möglichst große Angriffsfläche bieten, damit der Wind Gottes wehen kann und unser kleines Lebensschiff weit nach vorne bringt.[11]

Wenn wir diese Übungen praktizieren, halten wir uns Gott hin und lassen ihn wirken. Hier kann es zu einer Berührung zwischen seiner Welt und unserer Welt kommen. Hier kann der Glaube vom Kopf ins Herz und von dort in die Hände fließen. Wenn Sie ernsthaft Ihr Leben von Gott voranbringen lassen wollen, dann sind geistliche Übungen unverzichtbar.

Entscheidend dabei ist die Regelmäßigkeit. Durch die stetige Wiederholung beginnen die Übungen, unsere Gedanken und Gefühle, unseren Glauben und Charakter zu formen. Es ist wie mit den Fitnessübungen für den Körper. Wenn Sie nur einmal im Jahr zu McFIT gehen und dort sechs Stunden trainieren, wird die einzige Auswirkung auf Ihren Körper ein heftiger Muskelkater sein. Wer seinen Körper formen will, sollte sich besser eine Jahreskarte fürs Fitnessstudio holen, denn nur durch regelmäßige Bewegung werden die Muskeln aufgebaut. Genauso wichtig ist die Regelmäßigkeit bei den geistlichen Übungen. Nur wer sie zur Gewohnheit macht, wird erleben, wie sie den Glauben stärken. Jörg Ahlbrecht schreibt dazu: »Es sind die kleinen Gewohnheiten unseres Lebens, die uns entweder näher zu Gott bringen oder von ihm weg.«[12]

Geistliche Übungen sind die tägliche Gymnastik des Christseins.

Veränderung durch den Glauben hat also etwas mit Übung zu tun. Die oben beschriebenen Praktiken sind dabei so etwas wie

Grundübungen. Es ist die tägliche Gymnastik des Christseins. Doch das Üben betrifft auch die anderen Bereiche des Lebens. Liebe zeigen und Vertrauen wagen, Dankbarkeit empfinden oder großzügig teilen, Schuld vergeben oder den Neid überwinden – all diese Dinge fliegen uns nicht einfach zu. Gottes Geist lässt sie in uns wachsen, indem wir sie einüben.

Im Grunde vollziehen sich alle geistlichen Veränderungen als Übungs- und Lernprozesse. Das gehört zur menschlichen Seite des Glaubens und diese Seite nehme ich in diesem Buch in den Fokus. Dabei sollten wir aber immer in Erinnerung behalten, dass das Entscheidende nicht von uns getan werden kann. Alles Reifen im Glauben bleibt ein Wunder, das aus Gottes Gnade in der Kraft seines Geistes geschieht.

VON JESUS LERNEN

Geistliche Transformation ist – auf der menschlichen Ebene – ein Lernprozess. Bei dem Wort »Lernen« gehen bei manchen Menschen die Alarmglocken an. Sie denken sofort an Schule und Paukerei. Tatsächlich wird das Wort in der westlichen Welt meist in einem sehr reduzierten Sinn verwendet, nämlich im Sinne von »Informationsverarbeitung«. Lernen heißt demnach, mehr Wissen in den Kopf zu bekommen.

In den Humanwissenschaften wird Lernen in einem deutlich umfassenderen Sinne verstanden. Der Soziologe und Erziehungswissenschaftler Tobias Künkler definiert Lernen als »Prozess nachhaltiger Verhaltensveränderung«[13]. Beim Lernen geht es also nicht nur um Informationsverarbeitung, sondern um ein Lebenslernen, das neues Wissen ebenso wie neue Fähigkeiten und neue Verhaltensweisen einschließt.

So ein weites, ganzheitliches Verständnis von Lernen finden wir auch in der Bibel. Es geht dort nie um bloßen Wissenszuwachs, immer ist das ganze Leben, die ganze Lebenspraxis, im Blick. Sehr deutlich können wir das bei Jesus sehen.

Jesus als Lehrer

Jesus war ein einzigartiger Lehrer. Zu seiner Zeit gab es in Israel viele Rabbis. Das Wort Rabbi kommt vom Hebräischen »rav«, was groß bedeutet. Ein Rabbi ist ein großer Lehrer. Er ist ein Kenner der heiligen Schriften und er weiß, wie man Gottes Weisungen aufs Leben anwendet. Viele Rabbis waren damals von ihren Jüngern umgeben. Im Hebräischen heißen diese »talmid«, im griechischen Neuen Testament wird das mit »mathetes« übersetzt. Beides bedeutet wörtlich »Lernende«. Jünger eines Rabbis sind also Schüler, allerdings Schüler in einem umfassenden Sinn. Es geht bei dieser Jüngerschaft nicht nur um Wissensvermittlung, sondern um eine umfassende Ausbildung, um Lebensgestaltung und Persönlichkeitsbildung.

Als Jesus seine öffentliche Wirksamkeit begann, trat er wie ein Rabbi auf. Er lehrte und predigte, legte die Schriften aus und sammelte Jünger um sich. Es gibt allerdings markante Unterschiede zwischen Jesus und anderen Rabbis. Normalerweise wurde man Rabbi, indem man eine Ausbildung bei einem anderen Rabbi absolvierte. Jesus machte das nicht. Er bezog sich auch nicht auf andere Gelehrte und er legte die Schrift mit einer Autorität aus, die deutlich machte, dass er nicht Schüler der Schrift, sondern ihr Meister ist. Und noch etwas war besonders bei diesem Rabbi. Gewöhnlich gingen junge Leute auf einen Rabbi zu, um sich um eine Ausbildung zu bewerben. Jesus dagegen hat Menschen in die Jüngerschaft berufen! Er rief Simon und Andreas, Jakobus und Johannes von ihren Fischerbooten weg und Levi aus seiner Zollstube heraus. Immer wieder rief er einzelnen Menschen zu: »Komm, folge mir nach!«

Wie Jesus sein Wirken als Lehrer versteht, wird besonders an einer bekannten Stelle im Matthäusevangelium deutlich. Jesus lädt Menschen zu sich ein:

Kommt her zu mir, alle, die ihr mühselig und beladen seid;
ich will euch erquicken. Nehmt auf euch mein Joch und lernt
von mir; denn ich bin sanftmütig und von Herzen demütig;
so werdet ihr Ruhe finden für eure Seelen.

Matthäus 11,28-29

»Lernt von mir!« Der Glaube an Jesus hat offenbar etwas mit Lernen zu tun. Dabei tritt uns Jesus als Lehrer nicht in autoritärer Distanz gegenüber. Wenn er hier von »meinem Joch« spricht, hatte er vermutlich ein Doppeljoch vor Augen. Mit so einem Holzgestell wurden zwei Zugtiere zum Pflügen zusammengespannt. Jesus lädt die Menschen also ein, mit unter sein Joch zu kommen und so von ihm zu lernen. Jesus ist ein Lehrer, der uns nicht von oben herab Wissen eintrichtert oder ansagt, was wir zu tun haben. Er ist ein Lehrer, der neben uns geht. Er lebt uns vor, was er von uns erwartet. Er geht voran und wir gehen mit. »Lernt von mir« – das meint keine theoretische Wissensvermittlung, sondern eine Lebensveränderung durch Nachfolge.

Lernen bei Jesus meint Lebensveränderung durch Nachfolge.

Wenn Jesus jemanden aufforderte: »Folge mir nach!«, dann brachte er diese Person in Bewegung. Wer Jesus folgen wollte, musste wortwörtlich seine Beine in Gang bringen und hinter ihm hergehen. Nachfolge begann mit äußerer Bewegung. Die Jünger liefen hinter Jesus her, weg von Fischernetz und Zollhaus. Sie zogen mit ihm durch die Dörfer Galiläas. Sie wanderten nach Samarien, in von Heiden bewohnte Gegenden und schließlich nach Jerusalem.

Die äußere Bewegung brachte seine Jünger aber auch in eine innere Bewegung. Sie gewannen neue Erkenntnisse und machten neue Erfahrungen. Im Umgang mit Jesus gerieten Selbstverständlichkeiten ins Wanken. Ihr Bild von Gott, ihre Sicht von dem, was möglich und was unmöglich ist – alles geriet durcheinander. Immer wieder sehen wir die Jünger erstaunt, verwirrt, fragend. Jeder Tag brachte neue Überraschungen. Die Jüngerschaft bei Jesus stellte ihr Leben auf den Kopf und veränderte es nachhaltig.

Ein paar Beispiele: Zu den ersten Leuten, die Jesus nachgefolgt sind, gehören die Brüder Jakobus und Johannes, die von Jesus »Donnersöhne« genannt werden (Markus 3,17). Das ist kein Kompliment, die beiden sind echte Hitzköpfe. Einmal kommen sie mit Jesus in ein Dorf und wollen dort übernachten, aber die Dorfbewohner schicken sie weg. Jakobus und Johannes werden so wütend, dass sie zu Jesus sagen: »Herr, wir könnten ja mal beten, dass Gott Feuer vom Himmel schickt und das ganze Dorf hier abfackelt« (vgl. Lukas 9,54). Solche Typen sind das: cholerisch, jähzornig und gewaltbereit. Aber durch Jesus werden sie verändert. Bei ihm erleben sie eine Liebe, die sogar den schlimmsten Feinden Gutes wünscht. Jakobus nimmt später für seinen Glauben den Tod auf sich (vgl. Apostelgeschichte 12,2), und Johannes wird zu dem Apostel, der wie kein anderer die Liebe predigt und lebt. Lesen Sie nur einmal den 1. Johannesbrief, dann bekommen Sie eine Ahnung, wie tiefgreifend dieser Mann durch Jesus verwandelt worden ist!

Eine gebrochene Gestalt bekommt Rückgrat und neuen Mut.

Oder nehmen wir Maria von Magdala, eine der Frauen, die Jesus nachfolgten. Sie stammt möglicherweise aus dem Prostituiertenmilieu. Immer wieder hat sie falsche Liebe erlebt. Sie ist ausgenutzt und erniedrigt worden und hat alle Würde verloren. Eine gebrochene Gestalt. Doch dann begegnet sie Jesus und erlebt, dass sie als Person wertgeschätzt wird. Sie erfährt, dass es einen Neuanfang für sie gibt und ihr neue Würde verliehen wird. Das verändert sie. Sie bekommt wieder Rückgrat, neuen Mut. Später zeigt sie mehr Courage als alle Männer, die Jesus folgen. Sie steht zu Jesus, als er am Kreuz gefoltert wird, während sich die anderen Jünger längst versteckt haben. Maria hält bei ihm aus, bis er stirbt. Sie ist auch die Erste, die am Sonntagmorgen zum Grab läuft und die Osterbotschaft weitergibt. Durch die Jüngerschaft bei Jesus ist Maria zu einer starken, würdevollen und selbstbewussten Persönlichkeit geworden.

Der Ruf in die Nachfolge ist ein Ruf zum Aufbruch. Das war damals so und es ist heute nicht anders. Christsein bedeutet, ein Schüler von Jesus zu werden und von ihm zu lernen. Ich lasse mich auf Jesus als meinen neuen Meister ein und mich von ihm in Bewegung bringen. Ich übe mich darin, mit neuen Augen auf Gott zu schauen und in neuer Weise auf meine Mitmenschen zu reagieren. So lasse ich mich von Jesus herausführen aus den alten Lebensmustern und wage mich hinein in eine neue Lebensgestalt.

Verwandlung in das Bild Christi

Jesus ruft seine Jünger in einen Veränderungsprozess hinein. Doch worauf zielt dieser Prozess? In den Beispielen deutet es sich schon an. Es geht nicht nur darum, dass Menschen anfangen, eine neue Auffassung über Gott anzunehmen oder bestimmte religiöse Praktiken zu absolvieren. Christus hat viel Größeres für uns im Sinn. So wie er die ersten Jünger damals zu sich gerufen hat, »dass sie bei ihm sein sollten« (Markus 3,14), so ruft er auch uns in seine Nähe. Er möchte, dass zwischen uns und ihm eine tiefe Beziehung entsteht, eine Lebensgemeinschaft. Anschaulich formuliert Kardinal Schönborn:

Obwohl Jesus uns als seine Jünger und Schüler anspricht, ist er nicht einfach nur Lehrer, sondern der Meister, der Herr. Es geht in diesem Verhältnis der Jünger zum Meister um mehr als nur darum, etwas zu lernen. Es geht um mein Leben, um eine Lebensgemeinschaft, die immer enger, immer tiefer wird bis zum vollen Einssein mit ihm, so wie er mit dem Vater eins ist.[14]

Das Ziel dieser Gemeinschaft mit dem Meister ist, dass wir ihm ähnlich werden! Die Evangelien sind voll von Hinweisen darauf. Die Jünger sollen beten, lieben, heilen, predigen, dienen, wie Jesus es tat. Wie er ist, so sollen sie werden. Pointiert formuliert Dallas Willard, einer der Vordenker der Spiritual-Formation-Bewegung: Jüngerschaft bei Jesus bedeutet: »Seine Jünger waren bei ihm und lernten, so zu sein, wie er.«[15]

Der gleiche Gedanke findet sich in den übrigen Schriften des Neuen Testaments. Nach Paulus sind die Christen dazu berufen, dass sie dem Bild von Gottes Sohn gleichgestaltet werden (Römer 8,29). Jesus ist das wahre Ebenbild Gottes. Wer ihn ansieht, der sieht Gott in Aktion. So wie Jesus war, so wie er mit den Menschen umging, wie er Kranke aufrichtete, wie er mit schrägen Gestalten an einem Tisch feierte, wie er Kinder auf den Arm nahm und mit ihnen lachte – so ist Gott. Jesus ist das Bild, das uns Gott von sich gibt. Und in dieses Bild will uns Gott verwandeln! An anderer Stelle formuliert Paulus als Ziel seiner Arbeit in den Gemeinden, dass »Christus in euch Gestalt gewinne« (Galater 4,19). Das Wesen Christi, sein Charakter, soll so auf das Leben der Christen abfärben, dass er in ihnen sichtbar wird. Wer einen Christen sieht, soll Christus sehen!

Wir spiegeln, was wir anschauen.

Etwas Ähnliches kann man manchmal bei Ehepaaren wahrnehmen. Ich kenne einen Mann und eine Frau, die seit vierzig Jahren verheiratet sind. Wenn man die beiden beobachtet, fällt auf, wie sehr sie sich ähneln. Nicht nur in ihren Ansichten, Gewohnheiten oder Ausdrucksweisen. Die Ähnlichkeit geht bis in die Gesten, sogar bis in den Gesichtsausdruck! Wir spiegeln, was wir anschauen. Wenn wir jahrzehntelang Tag für Tag einen bestimmten Menschen betrachten, spiegeln wir diese Person. Ihre Art, ihr Ausdruck, färbt sich auf uns ab, sodass wir einander ähnlicher werden. Von so einem Vorgang spricht Paulus. Wenn wir Jesus intensiv anschauen, sein Wesen, seine Worte und Werke betrachten, verändert uns das. Wir werden seinem Bild gleichgestaltet.

Dieser Prozess hat allerdings eine Grenze. Solange wir auf dieser Erde sind, bleibt alles nur ein Anfangen. Die Vollendung gibt es erst in Gottes neuer Welt. Dann »werden wir ihm gleich sein; denn wir werden ihn sehen, wie er ist« (1. Johannes 3,2). Noch sind wir nicht an diesem Punkt. Aber dennoch: Der Prozess der Veränderung in das Bild Christi fängt jetzt schon an. Mit erstaunlicher Kühnheit sagt Paulus über die Menschen, denen Gottes Geist geschenkt ist: »Wir alle aber spiegeln mit aufgedecktem Angesicht die Herrlichkeit des Herrn wider, und wir werden verwandelt in sein Bild von einer Herrlichkeit zur andern« (2. Korinther 3,18). Indem wir Christus im Glauben anschauen, werden wir ihm ähnlich. Dietrich Bonhoeffer beschreibt diesen Prozess so:

Das ist die letzte Bestimmung des Jüngers, dass er werden soll »wie Christus«. Das Bild Jesu Christi, das der Nachfolgende immer vor Augen hat, ... dringt in ihn ein, erfüllt ihn, gestaltet ihn um, dass der Jünger dem Meister ähnlich, ja gleich wird.[16]

Dieser Prozess betrifft das ganze Leben in allen Bereichen: unsere Gedanken und Gefühle. Unsere Werte und Wünsche. Unseren Körper und unsere Taten. Unsere Verhaltensmuster und Beziehungen. Der Glaube an Jesus kann nicht auf einen bestimmten Teil unseres Daseins begrenzt werden, sondern will alles durchdringen.

Wie sich diese Lebensveränderung konkret auswirkt, kann hier nur knapp skizziert werden. Umgestaltung beginnt mit einem Umdenken. »Lasst euch ... von Gott umwandeln, damit euer ganzes Denken erneuert wird«, schreibt Paulus (Römer 12,2; GNB). Wenn Jesus unser Meister wird, dann wandeln sich Gottesbilder, Weltbilder und auch das Selbstbild. Ich gewinne eine neue Sicht von Gott als liebevollem Vater, dem ich vertrauen kann. Ich beginne, mich selbst als ein wunderbar geschaffenes Wesen anzuschauen, das trotz aller Macken geliebt und wertvoll ist. Ich fange auch an, meine Mitmenschen und alle Kreaturen mit anderen Augen zu betrachten, als faszinierende Geschöpfe, die nicht nur einen Nutzwert für mich haben, sondern liebenswert sind um ihrer selbst willen. So wird aus dem Umdenken eine Umwertung.

> Wenn Jesus unser Meister wird, verwandeln sich Gottesbilder, Weltbilder und auch das Selbstbild.

Wer sich von Jesus prägen lässt, kommt aus der Enge in die Weite. Der Mensch wird befreit aus der, wie Luther es nannte, »Verkrümmung in sich selbst«, aus Selbstbezogenheit, Ängstlichkeit und Lethargie. Der Mann aus Nazareth weitet den Horizont. Er weckt unser Interesse für Menschen am Rand der Gesellschaft, öffnet das Herz für fremde Milieus und Kulturen, sensibilisiert für politische, ökologische und wirtschaftliche Fragen und den Umgang mit dem eigenen Besitz. Die Evangelien sind voll von Berichten, in denen Jesus die Grenzen des Konventionellen sprengt. Er lässt sich nicht einzwängen von dem, was »man« tut, und er ermutigt seine Jünger, es ihm gleichzutun. Es gibt Christen und Gemeinden, deren Leben aus lauter Zwängen und Verboten zu bestehen scheint. Leider. Unser Herr und Meister ist da völlig anders. Ein Leben in der Nachfolge engt nicht ein, sondern befreit zu neuen Verhaltensweisen.

Dieses neue Verhalten besteht vor allem in der Liebe. Liebe ist das innerste Wesen Gottes (1. Johannes 4,16). Diese Liebe strömt von Gott aus und fließt über. Und so schafft Gott ein Universum, in das seine Liebe einströmen kann wie das Wasser in Ozeanbecken. So gießt er seine Liebe in unsere Herzen aus (Römer 5,5), damit sie von uns erwidert wird und zu anderen weiterfließt. Liebe – das ist die Kraft, die in anderen Gutes sieht und für andere Gutes will, die sich an anderen freut, sich für sie interessiert und sie wertschätzt. In dieser Liebe, so schreibt der Dogmatiker Wilfried Härle, »ist die gesamte christliche Lebenspraxis zusammengefasst«[17]. Diese Liebe bewegt uns hin zu Gott. Wer Gott liebt, freut sich auf das Gespräch mit ihm, hat Lust an seinem Wort, sucht die Stille. Und zugleich bewegt uns die Liebe hin zu den Mitmenschen. Sie macht Lust auf Begegnung und Gemeinschaft und motiviert uns, anderen Gutes zu tun. Die Liebe motiviert uns außerdem, unseren Glauben mit anderen zu teilen und sie zur Nachfolge einzuladen. Ein Leben in der Nachfolge ist immer auch ein missionarisches Leben.

Wer bei Jesus in die Lehre geht, wird von ihm ermächtigt. Jesus hat seinen Jüngern »Vollmacht« verliehen (vgl. Markus 3,15; Lukas 9,1). Einfache Fischer werden vollmächtige Boten Gottes, die in seinem Namen reden und handeln. Statt sich von Experten verunsichern zu lassen oder vor Autoritäten zu kuschen, treten die Apostel mit einer Kompetenz und Kühnheit auf, die alle erstaunen lässt (Apostelgeschichte 4,13). Ähnliches gilt für alle Christenmenschen. Paulus sagt in Epheser 4,11-14, dass die Gemeindeleitung die Aufgabe hat, die Heiligen zuzurüsten, damit sie geistlich erwachsen werden. Spirituelle Reifung ist also ein Prozess, der uns in zunehmendem Maß mündig, kompetent und eigenverantwortlich werden lässt. Ich habe das in der Gemeindearbeit immer wieder erlebt. Wenn Menschen anfangen, Jesus nachzufolgen, dann kommen Gaben zur Entfaltung, die Bereitschaft, Verantwortung zu übernehmen, und das Selbstbewusstsein wächst.

Zu dieser Mündigkeit gehört, dass ich Verantwortung für mein eigenes Leben übernehme. In jeder Biografie gibt es Defizite. Eltern bleiben uns Liebe und Anerkennung schuldig, Partner schränken uns ein, wir erleben Benachteiligung oder widrige Umstände. Wer im Glauben erwachsen wird, hört auf, die Schuld für die eigene Lage bei anderen zu suchen oder im Klagen stecken zu bleiben. Wir lernen, Ja zu sagen zu unserem Gewordensein, und versuchen, das Beste aus dem zu machen, was uns mitgegeben ist.

Spirituelle Reifung ist ein Prozess, der uns mündig, kompetent und eigenverantwortlich werden lässt.

Mit Jesus und von Jesus lernen wir auch, schwere Wege zu gehen, Schmerz, Enttäuschung und Verluste anzunehmen und die dunklen Seiten des Lebens zu akzeptieren. Wir üben, »unser Kreuz zu tragen«, wie der Meister es formulierte, ohne zu verbittern oder zynisch zu werden. Dies wird möglich, wenn wir – mit Jesus – eine Lebenserwartung haben, die über die siebzig oder achtzig Jahre auf dieser Erde hinausgeht. Unser irdisches Dasein ist umfangen von Gottes Ewigkeit. Aus dieser großen Perspektive entwickelt sich ein gewisses Maß an Coping-Fähigkeit. Im Vertrauen auf Gottes Nähe und in der Hoffnung auf seine neue Welt wachsen Geduld, Tragkraft und ein Humor, der über die eigenen Schwächen schmunzeln kann.

In dem allen wird deutlich, dass geistliches Wachstum und seelische Reifung Hand in Hand gehen. Wo Gott in unserem Leben Raum bekommt, können wir uns als Persönlichkeiten gesund entwickeln. Sein Geist wirkt heilsam auf unsere Seele und lässt aufblühen, was der Schöpfer in uns Menschen hineingelegt hat. Heiligung ist kein verkrampftes Frommwerden, sondern ein Heilwerden und Ganzwerden.[18]

Ich habe knapp skizziert, in welche Richtung uns Gott verwandeln möchte. Man könnte viel mehr dazu schreiben und damit ganze Regale füllen. Ich möchte mich hier auf das Wesentliche beschränken. Dabei ist sicher deutlich geworden, dass der Glaube an Christus alle Bereiche des Daseins umfasst. Er ist nicht eine Sparte meines Lebens neben anderen, die davon unberührt bleiben. Wenn Jesus uns in seine Nachfolge ruft, dann geht es um das Leben in seiner Ganzheit: um unsere Gedanken und Gefühle, um unser Verhalten gegenüber den Eltern und den Umgang mit unserer Sexualität, um die Steuererklärung und das Verhalten im Straßenverkehr. Es gibt keinen Bereich des Lebens, der von der Nachfolge ausgenommen ist. Michael Herbst formuliert sehr schön, was Jüngersein bei Jesus meint:

Ich will bei diesem Meister und Lehrer bleiben und alles von ihm lernen, was er mir über diese Kunst zu leben beibringen kann. Das Handwerk, das der Lehrling hier lernt, ist das Leben, nicht die Mitgliedschaft in einer Kirche, nicht eine seltsame Frömmelei, nicht der Erfolg einer Organisation. Die Schule, in die wir als Schülerinnen und Schüler von Jesus gehen, ist das Leben. Wir lernen, wie es gelingen kann. Denn es gibt kein irdisches Problem, das in der Schule von Jesus nicht gelöst werden könnte. Darum bitten wir Jesus, dass wir bei ihm sein dürfen, um von ihm zu lernen, wie er zu leben.[19]

Jüngerschaft als Übungsweg

Christsein heißt, bei Jesus lernen. Das braucht Übung. Beharrliche, stetige Einübung und Ausübung. Nur so kann unsere zerbrechliche Gottesbeziehung Tiefe gewinnen und belastbar werden. Schon Luther hat das gewusst. Er rät in Momenten der Glaubensschwäche:

> Wo du findest, dass du nicht kannst also glauben und
> gute Werke tun, dass du demütig dich desselben vor Gott
> beklagst und also mit einem schwachen Funkeln des Glau-
> bens anhebst, denselben täglich mehr und mehr durch sei-
> ne Übung in allem Leben und Wirken zu stärken.[20]

Glaube braucht Übung, damit er ins Leben kommt und das Leben verwandelt. Oben habe ich die geistlichen Übungen als Grundübungen des Glaubens erwähnt. Doch das Üben beschränkt sich nicht auf geistliche Praktiken im engeren Sinne. Weil Christus unser ganzes Leben prägen will, geht auch das Üben in alle Lebensrichtungen!

Wir haben bereits gesehen, dass Jesus seine Jünger wie ein Rabbi ausgebildet hat. Von seiner Praxis können wir wertvolle Impulse bekommen, wie heute eine Einübung in die Nachfolge gelingen kann. Wie hat es Jesus gemacht?

Glaube braucht Übung, damit er ins Leben kommt und das Leben verwandelt.

Schauen wir uns zunächst einmal an, was er nicht gemacht hat. Jesus hat seine Jünger nicht zu wöchentlichen Treffen eingeladen, sonntags von 10 bis 11 Uhr oder jeden Donnerstag um 19 Uhr. Er hat sie nicht auf eine Kirchenbank gesetzt oder in schicke Seminarräume gesteckt. Er hat ihnen keine Bücher gegeben, keinen Lehrplan aufgestellt und keine Tests geschrieben. Stattdessen hat Jesus sein Leben mit den Jüngern geteilt. Sie waren Tag und Nacht zusammen. Von morgens bis abends haben sie ihn begleitet, und das über einen Zeitraum von zwei bis drei Jahren.

Jesus hat seine Jünger gelehrt. Er hat Predigten gehalten, Gespräche geführt, Themen diskutiert. Doch diese Lehre war stets verbunden mit dem Leben. Häufig ergaben sich Lehrgespräche aus konkreten Alltagssituationen: Die Jünger streiten sich um Rang und Position und Jesus thematisiert die Frage von Herrschaft und Dienst (Markus 10,35-45). Sie haben ihren Proviant vergessen und Jesus spricht mit ihnen über Gottvertrauen (Markus 8,14-21). Kinder scharen sich um Jesus und er erzählt den Jüngern, wer ins Reich Gottes kommt (Matthäus 19,13-14).

> Jesus hat seine Jünger nicht auf eine Kirchenbank gesetzt, sondern das Leben mit ihnen geteilt.

Jesus redet nicht nur, sondern handelt und gibt damit seinen Schülern ein Modell. Sie können an ihm sehen, wie man auf Kranke zugeht und mit dunklen Mächten fertigwird. Sie sehen ihm beim Beten zu und hören, wie er auf Angriffe seiner Gegner reagiert. Sie erleben, wie barmherzig und wertschätzend er mit den Ausgestoßenen und Verachteten umgeht. Jesus macht sich zum Vorbild, an dem sich seine Jünger orientieren und das sie imitieren sollen: »Ein Beispiel habe ich euch gegeben, damit ihr tut, wie ich euch getan habe« (Johannes 13,15).

Aus diesem Grund fordert der Meister seine Schüler zu praktischen Übungen heraus. Mehrmals sendet er sie zu kleinen Missionseinsätzen. Sie sollen in Zweierteams losziehen und das tun, was er getan hat: predigen, Kranke heilen, Besessene befreien

(Lukas 9,1-2; 10,1-12). Als sie zurückkommen, gibt es Feedback-Gespräche, in denen ihre Erfahrungen reflektiert werden (Lukas 9,17-20). Durch solches Ausprobieren und Reflektieren kommen entscheidende Lernprozesse in Gang.[21] Auf diese Weise wachsen diese Leute, die Jesus nachfolgen, in eine neue Rolle hinein.

Am Ende der Ausbildung gibt Jesus den Schülern einen Auftrag. Sie sollen nun andere »zu Jüngern machen« (GNB), und zwar indem sie sie taufen und lehren (Matthäus 28,18-20)[22]. Ein Detail ist hier interessant. Jesus sagt in diesem Auftrag nicht: »Lehret sie alles, was ich euch befohlen habe.« Diese Formulierung wäre ja eigentlich naheliegend. Die Jünger sollen die Lehre von Jesus an andere weitergeben. Doch der Meister sagt: »Lehret sie halten alles, was ich euch befohlen habe.« Andere zu Jüngern machen geschieht also offenbar nicht nur durch Wissensvermittlung. Vielmehr geht es um die Einführung in eine veränderte Lebensgestaltung. Das ist ein Unterschied, und damit kommen wir zu einem entscheidenden Punkt.

Wer die Frage nach Verhaltensveränderung mit einer gewissen Naivität angeht, könnte denken: Neues Verhalten entsteht durch neue Erkenntnisse. Anders formuliert: Information führt zu Transformation. Du erfährst, dass Rauchen der Gesundheit schadet, also hörst du damit auf. Du liest, dass regelmäßiges Beten gut ist, um die Gottesbeziehung zu pflegen, also startest du eine tägliche Gebetszeit. Du hörst in der Predigt, dass Großzügigkeit eine gottgefällige Sache ist, also beginnst du, alles mit anderen zu teilen.

Wenn der Weg von der Information zur Transformation nur so kurz wäre!

Wenn es doch nur so einfach wäre! Wenn der Weg von der Information zur Transformation nur so kurz wäre – wie anders sähe dann unser Leben und unsere Welt aus! Doch so simpel ist es nun mal nicht, das wissen wir alle aus eigener Erfahrung. Wir sind keine Roboter, bei denen eine neue Programmierung automatisch zu neuem Verhalten führt.

Das liegt vor allem daran, dass es in uns Widerstände gibt, die sich einer Verhaltensveränderung entgegenstemmen. Nehmen wir als Beispiel das Gebet. Stellen wir uns einen Menschen vor, der, biblisch informiert, weiß, dass es gut wäre, eine tägliche Gebetszeit zu haben. Er weiß es nicht nur, durch Gottes Geist berührt will er es auch. Und trotzdem ist die Umsetzung so schwer, denn sie erfordert eine Änderung in seinen Alltagsabläufen. Er müsste früher aufstehen, um Zeit zum Gebet zu finden, oder abends auf die gewohnte Entspannung vor dem Fernseher verzichten. Er müsste seiner Partnerin erklären, warum er sich plötzlich in sein Zimmer zurückzieht, und ihren befremdeten Blick ertragen. Und überhaupt – er müsste an seine geplante Gebetszeit überhaupt erst mal denken, statt sie einfach zu vergessen.

Manche Widerstände gegen Lebensveränderungen sind körperlicher Natur. Unser Leib ist träge. Er bleibt morgens lieber im Bett liegen, als zum Gebet aufzustehen, und findet es viel bequemer, abends im Sessel zu sitzen und sich durch Netflix zu zappen, als auf einer Kniebank zu hocken. Doch noch gravierender sind die geistigen Widerstände. Eine regelmäßige Gebetszeit ist einfach ungewohnt und Ungewohntes ist mühsam. Die Hirnforschung hat herausgefunden, dass unsere Verhaltensweisen Spuren im Gehirn hinterlassen. Jede wiederholte Handlung führt zu einer Ausbildung bestimmter Synapsen. Es entstehen Gedankenpfade, die sich mit jeder Wiederholung tiefer eingraben. Dies führt dazu, dass nach einiger Zeit Automatismen entstehen. Wir tun Dinge wie von selbst. Wer denkt schon darüber nach, ob er sich am Morgen die Zähne putzt oder wie er vor einer roten Ampel reagieren soll? Ein Großteil unseres Alltags besteht aus Handlungen, die automatisiert ablaufen und uns meist nicht bewusst sind. Es sind feste Gewohnheiten, auf denen wir uns wie auf tief ausgegrabenen Pfaden durch das Alltagsleben bewegen. Anschaulich schreibt der Psychotherapeut Vincent Deary:

> Es ist so leicht, im Gewohnten zu verharren, sich von der Routine beherrschen zu lassen, sich gedankenlos immer wieder selbst zu wiederholen, keine Initiative zu ergreifen. Das kann ewig so weitergehen. Behaglichkeit ist das Schmieröl der Gewohnheitsmaschinen, die wir sind.[23]

Dieses Problem haben wir bei praktischen Handlungsvollzügen, die wir ändern wollen. Noch schwieriger ist die Entwicklung neuer Haltungen und neuer Charakterzüge. Es gibt anmutige Charakterzüge wie zum Beispiel Dankbarkeit und Großzügigkeit. Es gibt auch ihre hässlichen Cousinen: Neid, Knauserei und Unzufriedenheit. Alle diese Charakterzüge sind komplexe geistige Gewohnheiten. Sie bestehen aus einer bestimmten eingeübten Sicht auf die Welt und das eigene Leben, deren Wurzeln tief in die eigene Biografie zurückreichen und die sich in vielfältigen Handlungsmustern ausdrücken. Solche Haltungen sind wie neuronale Autobahnen, auf denen unsere Gedanken, Gefühle und Reaktionen wie von alleine entlangflitzen.

Haltungen sind wie neuronale Autobahnen, auf denen Gedanken, Gefühle und Reaktionen entlangflitzen.

Ob einfache Handlung oder komplexe Haltung – Gewohnheiten bestimmen unser Leben. Das ist der Grund, weshalb es uns so schwerfällt, uns neue Handlungsweisen anzueignen. Bei erwachsenen Menschen ist Lernen in fast allen Fällen ein Umlernen! Wir müssen das alte, über Jahre eingeübte Verhalten ablegen und etwas Ungewohntes einüben. Es kostet Energie und Zeit, die vertrauten

Pfade zu verlassen und neue Pfade anzulegen. Lernen im Sinne nachhaltiger Verhaltensveränderung vollzieht sich daher nicht blitzartig durch plötzliche Einsichten oder ein spontanes Sich-einen-Ruck-Geben, sondern in aller Regel prozesshaft. Um zu lernen, müssen wir einen Weg gehen, einen Übungsweg, auf dem wir trainieren, scheitern und neu probieren. Der Gehirnforscher Joachim Bauer bringt das gut auf den Punkt:

> Lebensgewohnheiten und Verhaltensmuster sind in Netzwerken unseres Gehirns festgeschrieben und lassen sich nur im Laufe eines längeren Lern- und Übungsprozesses verändern.[24]

Dies gilt für Lernprozesse wie Klavierspielen und Autofahren. Es gilt aber ebenso für die Nachfolge. Jüngerschaft ist ein Übungsweg! Wir lernen bei Jesus eine neue Sicht auf Gott und die Welt. Wir lernen, in neuer Weise Beziehungen zu gestalten. Wir lernen, destruktive Gewohnheiten abzulegen und heilsame zu entwickeln. Wir lernen glauben, hoffen, lieben. Und wir erinnern uns: Die entscheidende Kraft geht dabei vom Geist Gottes aus, der in allem Nachdenken, Entscheiden, Üben und Lernen am Werk ist! Solche Lernwege gehen wir nicht von heute auf morgen. Es ist eine Illusion, dass man sich durch eine einzelne Predigt oder auch ein dreiwöchiges Seminar ein neues Verhalten aneignen kann. Jüngerschaft einzuüben ist ein anspruchsvolles und langfristiges Unternehmen.

Die gute Nachricht dabei ist: Wir bleiben lebenslang lernfähig. Forscher haben herausgefunden, dass sich bis ins hohe Alter neue Synapsen im Gehirn entwickeln können. Das Gehirn ist ungeheuer dynamisch. Neuroplastizität nennt man diese faszinierende Eigenschaft.[25]

Wenn Sie zum Beispiel anfangen, Gitarre zu spielen, dann kostet es hohe Konzentration und ziemliche Anstrengung, die einzelnen Fingerkuppen auf die richtigen Saiten im richtigen Bund zu drücken. Immer wieder greift man daneben, die Finger verkrampfen und beim Schlagrhythmus kommt man ständig durcheinander. Aber schon nach einigen Übungsstunden werden Sie eine Veränderung bemerken. Die Finger finden häufiger die richtige Stelle und im Rhythmus werden Sie sicherer. Nach einigen Monaten können Sie die meisten Akkorde spielen, ohne hinzuschauen. Ihre Finger finden von allein den Ort, wo sie hingehören. Man hat untersucht, was bei solchen Vorgängen in unserem Gehirn passiert. Schon nach kurzer Übungszeit sieht man, dass die zuständigen Regionen im Gehirn größer geworden sind. Es werden neue neuronale Verbindungen geknüpft, um die neue Aufgabe besser zu bewältigen. Wer erst in der Lebensmitte mit dem Gitarrenspiel beginnt, wird vermutlich nie ein Virtuose werden. Aber fast jeder kann lernen, ein Lied auf der Gitarre leidlich zu begleiten – wenn er beharrlich übt.

Das gilt nicht nur für Musikinstrumente, sondern für alle Lebensbereiche. Gott hat uns Menschen mit einer Lernfähigkeit ausgestattet, die in diesem Kosmos einzigartig ist. Wir sind nicht festgelegt auf die alten, ausgetretenen Pfade! Es können jederzeit neue Pfade im Gehirn entstehen. Wir können neue Handlungen einüben und neues Verhalten trainieren. Auf diese Weise entwickeln sich neue Gewohnheiten und neue Charakterzüge wachsen. Veränderung ist möglich! Unser Leben kann sich wandeln, jederzeit.

Es können jederzeit neue Pfade im Gehirn entstehen.

Wenn Jesus unser Meister wird und wir bei ihm in die Schule gehen, wird sich unser Leben zum Guten verändern. Das verspricht er uns. Es wird allerdings nicht über Nacht passieren. Wir werden nicht eines Morgens aufwachen und mit einem Mal veränderte Charakterzüge an uns bemerken. Geistliche Verwandlung erleben wir nur, wenn wir bereit sind, uns auf einen Übungsweg mit Jesus einzulassen. Dieser Weg braucht Zeit und Beharrlichkeit. Schon Benedikt von Nursia, der große Seelenführer, soll gesagt haben:

> Wenn du eine Tugend lernen willst, wähle eine!
> Übe diese täglich in kleinen Schritten ein Jahr lang.
> Und bitte einen Bruder oder eine Schwester, den Weg mit dir zu gehen.

Doch wie sieht nun der Weg der Veränderung konkret aus? Wenn man genau hinschaut, dann entdeckt man, dass es nicht den einen Pfad zur Veränderung gibt. Schon bei Jesus sehen wir, dass er verschiedene Methoden und Strategien einsetzt, um die Ausbildung seiner Jünger zu fördern. Es sind unterschiedliche Pfade, auf denen es zu Veränderungen kommt.

Sieben solcher Pfade möchte ich Ihnen im zweiten Teil vorstellen.

TEIL

2

DIE
SIEBEN
PFADE
DER
VERÄNDERUNG

Wie kann der Glaube das Leben verwandeln?

Wie kann es passieren, dass Gott mein Leben formt und verändert? Wie komme ich vom Wunsch zur Wirklichkeit, von der Einsicht zur Tat, vom guten Vorsatz zur neuen Gewohnheit?

In diesem Teil möchte ich Ihnen sieben Pfade vorstellen, auf denen sich Veränderungen vollziehen können. Es sind die wichtigsten Arten ganzheitlichen Lernens. In den Wissenschaften, die sich mit Lernprozessen befassen, werden diese sieben Wege als besonders wirksam beschrieben. Sie sind also hochaktuell – und zugleich sind sie uralt. Schon in der Bibel finden wir sie. Zahllose Menschen sind diese Pfade gegangen und haben so Veränderung erlebt.

Wir werden die sieben Pfade zunächst einzeln betrachten. Entscheidend ist aber, dass wir sie miteinander kombinieren. Je mehr Pfade wir verbinden, desto stärker wird der Veränderungseffekt. Wie dies geschehen kann, wird im dritten Teil vorgestellt.

Noch eine Vorbemerkung ist wichtig: Jeder Mensch hat seine eigene Lernweise. Je nach Charakter und Lebensgeschichte erweist sich für den einen ein bestimmter Pfad als besonders wichtig, während andere nur eine untergeordnete Rolle spielen. Veränderungsprozesse haben immer einen individuellen und damit einmaligen Zug. Doch es lohnt sich, auch andere Pfade zu betrachten, die uns nicht so vertraut sind.

Die hier vorgestellten Lernweisen sind biblisch inspiriert, wissenschaftlich erforscht und haben sich in der Praxis vielfältig bewährt. Was davon für Sie persönlich hilfreich ist, können Sie nur durch eigene Erfahrung herausfinden. Es gilt: Probieren geht über studieren – und je mehr der vorgestellten Pfade Sie in Ihrem Veränderungsprozess verbinden, desto höher wird ihre Wirkung sein.

1

DER PFAD DER ERKENNTNIS – KLARE SICHT GEWINNEN

Darum bitte ich alle Christen, sonderlich die Pfarrherren und Prediger, sie wollten nicht zu frühe Doktores sein und alles zu wissen sich dünken lassen ..., sondern stetig anhalten mit lesen, lernen, denken und dichten und nicht ablassen, so lange bis sie gewiss werden, dass sie den Teufel totgelehrt haben.

Martin Luther im Großen Katechismus

Der Pfad der Erkenntnis ist für mündige Menschen der wichtigste Weg zur Veränderung. Gott hat uns Menschen mit einem Denkapparat ausgestattet, der einzigartig ist. Knapp hundert Milliarden Nervenzellen in unserem Gehirn sorgen dafür, dass wir Zusammenhänge verstehen, Fakten behalten und deuten, Vergangenes reflektieren und die Zukunft in Gedanken vorausschauen. Wir können Situationen analysieren, Argumente abwägen und Konsequenzen unserer Handlungen durchspielen. Wir Menschen sind – nicht nur, aber auch – rationale Wesen. Denken ist unsere Lieblingsbeschäftigung. Wir können es gar nicht lassen. Darum suchen und brauchen wir Erkenntnis.

Während meines Studiums habe ich mit einem Freund eine Rucksackreise durch die Türkei gemacht. Wir gingen ein wenig auf den Spuren von Paulus und kamen so nach Antiochien in Pisidien. Heute ist dieser Ort, an dem Paulus predigte, eine Ruinenstadt. Wir kletterten zwischen den Ruinen herum und fühlten uns wie Entdecker. Irgendwo fanden wir eine verfallene Türöffnung. Ein Spalt war frei und wir krochen hinein. Wir tapsten ein paar Schritte weiter, um eine Ecke herum, um noch eine, und dann standen wir in totaler Finsternis. Kein Tageslicht drang hierher. Es war so dunkel, dass man nicht einmal die sprichwörtliche Hand vor Augen sehen konnte. Wir wussten nicht, was vor uns war, und trauten uns keinen Schritt weiter. Handys mit Taschenlampenfunktion gab es damals noch nicht, aber zum Glück hatten wir ein Päckchen Streichhölzer dabei. Ein einziges brennendes Streichholz veränderte die ganze Situation. Im Licht dieser winzigen Flamme sahen wir, wo wir waren. Wir sahen die raue Felsdecke dicht über unseren Köpfen, die Wände des Hauses, den Boden. Das Streichholz konnte nicht alle Ecken ausleuchten, aber wir konnten uns orientieren und fühlten uns wieder sicher. Das Licht zeigte uns, wo wir waren und wo es hinging.

Erkenntnis gewinnen heißt, in einem dunklen Raum ein Licht anzünden. Wir bekommen Klarheit und sehen, wie die Dinge wirklich sind. So finden wir Orientierung und können uns sicher bewegen. Erkenntnis gewinnen heißt, die Wahrheit sehen und sich entsprechend verhalten. Wie überaus relevant wahre Erkenntnis

> Denken ist unsere Lieblingsbeschäftigung. Wir können es gar nicht lassen.

ist, das sehen wir in unserer Zeit deutlich. Wenn in wichtigen Bereichen Erkenntnisse fehlen oder wenn Menschen falsch informiert werden, kann das katastrophale Folgen haben. Wer zum Beispiel nicht weiß, wie sich Viren verbreiten, kann sich nicht vor einer Infektion schützen. Wer einer Desinformation im Internet auf den Leim geht, trifft möglicherweise verheerende Entscheidungen.

Trotz allem, was wir später noch an Einschränkungen vornehmen werden, gilt: Erkenntnis ist der Schlüssel zur Veränderung. Denn Erkenntnisse formen unser Leben, wie das lateinische Verb »informare« deutlich macht, von dem unser Wort informieren kommt. Aus richtigen Einsichten kann ein neues Verhalten entstehen. So führt Information zur Transformation. Das gilt für alle Lebensbereiche und auch im Blick auf Gott und das Leben mit ihm.

Darum spielt die Erkenntnis Gottes eine so große Rolle in der Bibel. Der Prophet Hosea klagt: »Zugrunde geht mein Volk, weil es ohne Erkenntnis Gottes ist« (Hosea 4,6). Und Gottes ausdrücklicher Wille ist, dass alle Menschen »zur Erkenntnis der Wahrheit kommen« (1. Timotheus 2,4). Dies ist der Grund, warum die Vermittlung von Erkenntnis im Alten wie im Neuen Bund eine entscheidende Bedeutung hat.

Die ersten fünf Bücher der hebräischen Bibel werden Tora genannt. Tora bedeutet »Unterweisung«. Die Tora weist einem Menschen den Weg, der zum Leben führt (vgl. 5. Mose 30,15-20; Sprüche 7,2). Die Information, die die Tora enthält, ist also lebensrelevant und lebensnotwendig! Darum unterweist Gott sein Volk mit seinen Geboten. Dem Volk wird außerdem eingeschärft, dass es seine Kinder mit aller Sorgfalt und Ausdauer unterweisen soll (vgl. 5. Mose 6,6-8).

Auch bei Jesus spielt die Unterweisung eine enorme Rolle. Über vierzigmal wird erwähnt, dass Jesus lehrt. Er lehrt die Volksmenge und seine Jünger, lehrt in Synagogen und unter freiem Himmel.

Das Lehren, also die Vermittlung von Erkenntnissen, ist ein zentrales Kennzeichen seines Dienstes, denn Erkenntnis ist grundlegend für die Entfaltung und Gestaltung des Glaubens.

Wir können unser Leben nur dann von Gott verändern lassen, wenn wir eine gewisse Kenntnis von diesem Gott haben. Wir lernen Gott durch die Heilige Schrift kennen. Dort erfahren wir von seinen Taten in der Geschichte, in denen sich sein Wesen offenbart. Wir lernen ihn kennen als den mächtigen und kreativen Schöpfer, der die Welt hervorgebracht hat, der mit uns Menschen in Beziehung treten will und mit Israel einen Bund geschlossen hat, der in Jesus leibhaftig die Erde berührt hat, um uns mit sich zu versöhnen, und der durch die Gemeinde in der Kraft seines Geistes seine Liebe ausbreiten will, bis er diese Welt endgültig verwandeln wird. Indem wir so von Gott erfahren, verstehen wir, was ihm wichtig ist und welche Rolle wir selbst in seiner Geschichte mit der Welt spielen. Erkenntnis bedeutet, dass unser Glaube Richtung und Klarheit bekommt.

Erkenntnis spielt in jeder Phase unseres Christseins eine wichtige Rolle. Doch die Art, wie wir geistliche Erkenntnisse gewinnen, verändert sich bei einer gesunden Glaubensentwicklung hin zu einer wachsenden Mündigkeit und Eigenverantwortung. Im Neuen Testament werden Menschen, die gerade zum Glauben gekommen sind, mit Babys verglichen, die mit Muttermilch genährt werden. »Seid begierig nach der vernünftigen lauteren Milch wie die neugeborenen Kindlein, auf dass ihr durch sie wachset zum Heil«, heißt es in 1. Petrus 2,2. Am Anfang unseres Glaubenslebens brauchen wir geistliche Milch: Basisinformationen über den dreieinigen Gott und das Leben mit ihm. Wir empfangen Erkenntnisse wie das Baby die Milch: Wir

> Die Art, wie wir Erkenntnisse gewinnen, verändert sich bei einer gesunden Glaubensentwicklung.

hören Predigten, bekommen Tipps für gute Bücher und seelsorgerlichen Rat und saugen alles auf, was uns geboten wird.

Doch so wie ein Baby heranwächst und seine Ernährungsweise
umstellt, so werden wir auch im Glauben reifer. Wir brauchen jetzt
»feste Speise«, wie der Hebräerbrief sagt (Hebräer 5,14), Lehre,
die tiefer geht und gut gekaut werden muss. Wir sind nicht mehr
rein passiv bei der Nahrungsaufnahme, sondern wirken mit. Wir
diskutieren mit anderen im Hauskreis, wie ein Bibeltext zu verstehen ist, und stellen Rückfragen bei Predigten. Wir merken, dass
die Hauptamtlichen nicht auf alles eine Antwort haben und dass
in Glaubensdingen nicht alles simpel ist.

Man könnte das biblische Bild von Milch und fester Speise noch
etwas weiterführen. Zum Erwachsenwerden im Glauben gehört,
dass wir nicht darauf warten, dass andere uns mit Erkenntnissen versorgen. Vielmehr fangen wir an, uns selbst Nahrung zu
suchen. Wir entwickeln eine eigenständige Praxis des Bibellesens
und informieren uns über Themen, die für unsere Jüngerschaft
wichtig sind. Wir entdecken Orte, wo wir auftanken können, und
übernehmen Verantwortung für unsere Glaubensentwicklung. So
werden wir geistlich mündige Christen, die in Eigenverantwortung und Eigeninitiative Erkenntnisse gewinnen und im Glauben
reifen.

Erkenntnis ist also entscheidend für die Reifung im Glauben,
aber Erkenntnis erfordert Information. Frühere Generationen von
Christenmenschen hatten das Problem, dass es an Information
mangelte. Bis in die Neuzeit hinein waren Bibeln kaum erschwing-
lich und geistliche Bücher eine Rarität. Noch vor einer Generation
war es, wenn man nicht gerade Theologie studiert hatte, aufwendig und teuer, sich über ein bestimmtes theologisches Thema zu
informieren. Man musste Bücher kaufen oder in die Bibliothek
gehen. Noch nie war es so einfach wie heute, sich eigenständig zu

informieren und so Erkenntnisse zu gewinnen. Fast alles Wissen dieser Welt ist im Internet mit wenigen Klicks abrufbar.

Unser Problem heute ist nicht der Mangel an Information, sondern ihr Überfluss. Die Informationsfülle führt zu einer Verflachung der Informationsverarbeitung. Weil so viel auf uns einstürmt, weil alles ständig verfügbar ist, rauscht unser Geist nur über die Oberfläche. Wir überfliegen einen Text und eilen schon zum nächsten. Ein Bibelabschnitt, der sperrig ist, wird rasch übersprungen. Ein theologischer Text, der sich nicht sofort erschließt, wird weggeklickt. Wir nehmen viel zur Kenntnis, aber es wird nicht zur Erkenntnis. Es fehlt an Vertiefung in der Informationsverarbeitung. Information kann uns aber nur formen, wenn sie in die Tiefe dringt.

> **Die Informationsfülle führt zu einer Verflachung der Informationsverarbeitung.**

Wenn wir echte Erkenntnis gewinnen wollen, gilt: Weniger ist mehr! Es ist besser, an einem Bibeltext dranzubleiben, ihn immer wieder zu lesen, sich daran zu reiben, ihn zu kneten, bis man ihn auswendig kann, als über viele Texte hinwegzuhuschen. Es ist besser, über einen längeren Zeitraum ein einziges geistliches Thema zu bearbeiten, als ständig von einem Thema zum nächsten zu hüpfen. Von Johannes Chrysostomos, einem der großen Theologen der Alten Kirche und wunderbaren Prediger, wird erzählt, dass er sich ein halbes Jahr mit den Paulusbriefen in die Einsamkeit zurückgezogen hat. Dort lernte er sie in- und auswendig. Er saugte diese Briefe in sich auf und verinnerlichte sie. So konnten die Worte des Apostels sein Denken formen und sein Leben verwandeln.

Wenn Sie sich in einem bestimmten Bereich Ihres Christenlebens Veränderung wünschen, dann gehen Sie den Pfad der Erkenntnis! Informieren Sie sich über dieses Thema! Lesen Sie Bücher, hören Sie Podcasts, reden Sie mit anderen Leuten darüber und hören Sie sich deren Erfahrungen an! Auf diese Weise kommt der Verstand in Bewegung und allmählich gewinnen Sie ein klares Bild, wohin die Reise gehen soll.

Ich möchte noch einen Schritt weitergehen. Normalerweise gewinnen wir Erkenntnisse, indem wir Informationen verarbeiten. Es ist ein rationaler, mehr oder weniger bewusster Prozess, in dem wir das, was wir lesen, hören oder sehen, durchdenken, bewerten und Schlüsse daraus ziehen. Doch das ist nicht die einzige Art, Erkenntnisse zu gewinnen. Es gibt Momente, wo uns etwas schlagartig klar wird, ohne mühsames Abwägen, ohne innere Diskussionen. Wie ein Blitz in einem Augenblick die Nacht erleuchtet, wie ein Sonnenstrahl zwischen den Wolken in einer Sekunde die Welt erstrahlen lässt, so dringt plötzlich ein Strahl in unser Bewusstsein und wir sehen alles in einem neuen Licht.

Solche Augenblicke nennt man auch kontemplative Momente. Bei Kontemplation denken Sie vielleicht an Stille, Besinnung und klösterliches Leben. Doch dies ist nur der Weg hin zur kontemplativen Erfahrung. Das lateinische »contemplatio« ist die Übersetzung der griechischen »theoria«. »Theoria« bedeutet »Schau«. Kontemplation ist die Schau der Wahrheit. Peter Zimmerling nennt es »ein von Staunen begleitetes schauendes Erkennen«[26]. So eine kontemplative Schau hat Tiefe und Klarheit. Der Apostel Paulus betet in seinem Brief an die Epheser, dass Gott den Christen »erleuchtete Augen des Herzens« geben möge (Epheser 1,18). Schon Paulus wusste, dass man nur mit dem Herzen gut sieht. Wenn Gott die Augen des Herzens erleuchtet, dann erkennen wir seine Wahrheit. Wir nehmen sie nicht nur als Satzwahrheit zur Kenntnis, sondern erfassen sie in der Tiefe.

Man kann zum Beispiel die Aussage »Gott liebt dich!« als eine Satzwahrheit hören. Man versteht diesen Satz, man stimmt ihm vielleicht auch zu. Aber es ist nur eine Kopfsache. Doch wenn Gottes Geist die Augen unseres Herzens erleuchtet, dann wird aus diesem Satz eine Wirklichkeit, die uns im Innersten trifft und verwandelt.

So einen Moment erlebte Martin Luther, als er den Römerbrief studierte. Lange hatte er gegrübelt, was Paulus da mit der »Gerechtigkeit Gottes« meint, die im Evangelium offenbar wird. Tag und Nacht, so beschreibt es der Reformator, dachte er darüber nach und dann, plötzlich, hatte er die Erleuchtung und begriff, dass Gerechtigkeit ein Geschenk ist, das Gott uns durch Jesus macht: »In dem Augenblick fühlte ich mich wie neugeboren und als wäre ich durch die geöffneten Pforten ins Paradies selbst eingetreten.«[27] Es war ein kontemplativer Moment, in dem Luther plötzlich ein Licht aufging.

Kontemplation ist die Schau der Wahrheit, die Tiefe und Klarheit hat.

Die kontemplative Schau sieht klarer und tiefer, als wir es mit unserem gewöhnlichen, flüchtigen Nachdenken tun. Sie vernimmt etwas von der Realität, die hinter der sichtbaren Realität liegt, hinter dem Vordergründigen und Oberflächlichen. Der Trappistenmönch und Mystiker Thomas Merton, der intensive kontemplative Erfahrungen gemacht hat, beschreibt diese Momente als »ein jähes Geschenk der Bewusstheit, ein Erwachen für das Wirkliche in allem Wirklichen«[28].

Die kontemplative Schau sieht tiefer und zugleich dringt sie tiefer ein. Sie bleibt nicht als träges Wissen in irgendwelchen Windungen des Gehirns stecken, sondern gelangt bis in unser Herz, bis ins Zentrum unserer Person. So erfasst sie unser ganzes Sein, unser Denken, aber auch unser Fühlen und Wollen. Sie wird zu einer brennenden Einsicht, die unser Leben verändert.

Solche Tiefenerkenntnis kann sich plötzlich einstellen durch außergewöhnliche, schockartige Erlebnisse, aber ebenso durch außerordentliche positive Erfahrungen. Ein Mann im mittleren

70

Alter erlebt einen Herzinfarkt. Er erfasst in einem Moment, wie gefährdet sein Leben ist, und stellt schlagartig seine Gewohnheiten um. Von einem Tag auf den anderen hört er mit dem Rauchen auf und joggt regelmäßig. Eine Frau, die bis dahin völlig unreligiös war, erlebt die Geburt ihres ersten Kindes. Auf einmal ahnt sie, dass da ein Gott sein muss, der hinter diesem neuen Leben steht. Sie kommt in die Gemeinde und will sich taufen lassen. Das sind Klarheitsmomente, die mit einem Mal da sind.

Solche Ausnahmesituationen kann man nicht planen. Es gibt auch keine Technik und keine Methode, mit der wir im Alltag kontemplative Momente herbeiführen können. Die »Erleuchtung des Herzens« ist unverfügbar und ein Geschenk der Gnade Gottes. Aber wir können uns darauf vorbereiten. Wir können einen Raum schaffen, in dem sich solch tiefe Erkenntnis ereignen kann. Die wichtigsten Voraussetzungen dafür sind Zeit und Stille.

Sicher haben Sie schon einmal beobachtet, wie eine Schnecke aus ihrem Haus herauskommt. Ganz vorsichtig streckt sie den Kopf aus dem sicheren Gehäuse. Und dann, sehr langsam, fährt sie ihre Fühler aus. Diese Fühler sind hochsensible Wahrnehmungsorgane. Mit ihnen kann die Schnecke fühlen, riechen und sehen. Mit ihnen erfasst sie die Wirklichkeit, findet Wege, Nahrung, Partner und Gefahren. Sobald die Schnecke gestört wird, fährt sie rasch ihre Fühler ein und zieht sich wieder in ihr Haus zurück. Dort ist sie sicher, kann die Welt aber nicht mehr wahrnehmen.

Mir scheint, dass es mit unserem menschlichen Geist ähnlich ist. Wir Menschen haben **Es braucht Zeit und Stille, um unsere spirituellen Fühler auszufahren.** spirituelle Fühler, mit denen wir etwas von der geistlichen Realität um uns her ertasten und erspüren können. Doch im Trubel des Alltags ist unser Geist im Schneckenhaus. Die Fühler sind eingezogen und wir nehmen nichts wahr. Es braucht Zeit und Stille, um unsere spirituellen Fühler auszufahren, um eine Haltung der Empfänglichkeit und Aufmerksamkeit einzunehmen. In der Stille kommen wir heraus aus dem engen Gehäuse unserer Alltagswelt. Wir werden wach und sensibel für Gottes weite Wirklichkeit. Sehr schön drückt Martin Luther den Zusammenhang von Stille und Tiefenschau mit einem anderen Bild aus:

> Gleichwie die Sonne in einem stillen Wasser gut zu sehen ist und es kräftig erwärmt, kann sie in einem bewegten, rauschenden Wasser nicht deutlich gesehen werden. Darum, willst du auch erleuchtet und warm werden durch das Evangelium, so gehe hin, wo du still sein und das Bild dir tief ins Herz fassen kannst, da wirst du finden Wunder über Wunder.[29]

Kontemplative Erfahrungen können wir an vielen Orten machen, draußen oder drinnen, in der Kirche oder im eigenen Zimmer. Für die meisten Menschen ist es allerdings hilfreich, das vertraute Umfeld zu verlassen und an einen Ort zu gehen, wo Stille und Kontemplation gepflegt werden. Es gibt in Deutschland viele solcher Orte: Klöster und Kommunitäten, Einkehr-, Stille- und Gebetshäuser. Häufig werden dort auch Angebote zur Stille gemacht, die man allein oder in einer Gruppe wahrnehmen kann. Zu den Angeboten gehören in vielen Häusern begleitende Gespräche mit einem Seelsorger oder einer Seelsorgerin. Gerade für die Menschen, die noch wenig Erfahrung mit Stille haben, kann so eine Begleitung sehr wichtig sein.

Ein Ehepaar, mit dem wir befreundet sind, fuhr für einige Tage zu einer ökumenischen Lebensgemeinschaft. Sie wollten ihre Prioritäten klären. Es gab so viele Aufgaben, die sich im Laufe der Jahre angesammelt hatten, so viele Verpflichtungen: Mitarbeit in der Gemeinde, Ehrenämter in der Kommune, Hilfsprojekte hier und da, Familiäres. Das zerrieb sie regelrecht. Immer war etwas zu tun und sie kamen überhaupt nicht mehr zur Ruhe. Als Ehepaar brauchten sie dringend Klarheit: Was will Gott von uns? Welche Prioritäten sollen wir setzen und wozu sollten wir guten Gewissens »Nein« sagen? Sie führten in diesen Tagen viele Gespräche miteinander. Sie hatten Zeiten der Stille, wo sie intensiv auf Gottes Stimme hörten, und sie wurden dabei von einer Schwester der Lebensgemeinschaft begleitet. In diesem Prozess sortierte sich ihr Leben neu. Sie erkannten, was von Gott her für ihr Leben wichtig war. Drei klare Prioritäten bildeten sich am Ende heraus. Als sie zurückkamen und von ihrer Erfahrung erzählten, spürte man, was für eine Last von ihnen abgefallen war. Mit einer neuen Freiheit konnten sie nun zu Anfragen Ja oder Nein sagen.

Wenn Sie auf dem Pfad der Erkenntnisse weiterkommen wollen, dann suchen Sie Stille und Einsamkeit! Gönnen Sie sich Auszeiten! Hier können Sie Ihre Fühler ausfahren! Hier kann Gott Ihnen Klarheitsmomente schenken, in denen eine Wahrheit vom Kopf ins Herz rutscht und aus kaltem Wissen brennende Einsicht wird.

Erkenntnis ist eine entscheidende Voraussetzung auf dem Weg zur Veränderung. Doch auch die richtigste und tiefste Erkenntnis führt nicht automatisch zu einem veränderten Verhalten. Den Grund dafür haben wir bereits oben gesehen: Es gibt Widerstände. Da sind starke Kräfte, die sich einer Veränderung widersetzen. Damit eine richtige Einsicht zu einem neuen Handeln führt, braucht es darum in der Regel weitere Faktoren, die die Erkenntnis verstärken, vertiefen und ins Leben bringen. Es braucht unter anderem Motivation. Darum geht es im nächsten Kapitel.

Aus kaltem Wissen wird brennende Einsicht.

IMPULSE ZUR REFLEXION
ODER ZUM AUSTAUSCH

▶ Wodurch gewinnen Sie für Ihr Christenleben neue Erkenntnisse? Nummerieren Sie die folgenden Informationsquellen nach ihrer Gewichtung.
(1 = am wichtigsten, 7 = am unwichtigsten)
  ☐ Predigten/Vorträge in der Gemeinde
  ☐ Social Media/Podcasts
  ☐ Gespräche
  ☐ Konferenzen/Seminare
  ☐ Stille/Nachdenken/Gebet
  ☐ Bücher/Texte
  ☐ anderes: ....

▶ Sind Sie eher ein kognitiv bestimmter oder ein emotional bestimmter Mensch? Schätzen Sie sich selbst ein und fragen Sie einige nahestehende Menschen, wie diese Sie einschätzen würden.

▶ In welcher Frage Ihres Glaubens oder Ihres Lebens wünschen Sie sich mehr Klarheit?

▶ Wie könnten Sie bei dieser Frage mehr Klarheit gewinnen?

▶ Wann haben Sie einmal einen »kontemplativen« Moment im Sinne einer »Herzenserleuchtung« erlebt? Erinnern Sie sich gern schriftlich daran, was geschehen ist.

▶ Ist die Vorstellung, für ein paar Tage in ein Kloster zu gehen oder an Stille-Einkehrtagen teilzunehmen, für Sie eher reizvoll oder eher erschreckend? Warum?

2

DER PFAD DER MOTIVATION – DIE SEHNSUCHT SPÜREN

> Wenn du ein Schiff bauen willst, dann rufe nicht die Menschen zusammen, um Holz zu sammeln, Aufgaben zu verteilen und die Arbeit einzuteilen, sondern lehre sie die Sehnsucht nach dem großen, weiten Meer.
>
> *Antoine de Saint-Exupéry*

Vor einigen Jahren blieb ich auf dem Weg nach Marburg mit dem Auto liegen, als ich mit ein paar Studenten unterwegs war. Am Anfang der Fahrt blickte ich auf die Tankanzeige und dachte: »Irgendwann müssen wir noch tanken.« Aber dann waren wir so ins Gespräch vertieft, dass ich das Tanken völlig vergaß. Auf der Autobahn wurde der Wagen plötzlich langsamer. Das Gaspedal bewirkte nichts mehr. Ein Blick auf die Tankanzeige zeigte mir: total leer. Ich ließ den Wagen ausrollen, fuhr auf den Seitenstreifen und schließlich blieb der Wagen stehen. Zum Glück standen wir kurz vor einer Ausfahrt. Und zum Glück saßen vier junge Männer mit im Auto. Die vier schoben den Wagen, bis wir von der Autobahn runtergefahren waren, und kamen dabei gut ins Schwitzen.

Wer ein Auto bewegen will, das keinen Sprit hat und dessen Motor nicht läuft, merkt schnell, wie anstrengend das ist. Ohne Motor, mit bloßer Muskelkraft, ist jeder Meter eine Qual. Genauso anstrengend ist es, das eigene Leben zu verändern, wenn man keinen inneren Antrieb hat. Motivation ist der Motor der Veränderung. Ohne diesen Motor wird alles unglaublich mühsam. Doch wenn der Motor anspringt, dann kommt das Leben in Bewegung, dann kommen Veränderungsprozesse in Gang.

Sie kennen das vielleicht aus eigener Erfahrung: Wenn der innere Motor brummt, wenn da ein Wunsch in uns brennt und eine Sehnsucht, in unserem Leben etwas neu zu machen, setzt das enorme Kräfte frei. Wir sind hellwach, aufmerksam, voller Elan, spüren Lust und Leidenschaft, es anzupacken. Nichts kann uns stoppen! Motivation ist tatsächlich wie ein Motor und bringt uns voran. Doch wie entsteht Motivation?

Motivation ist der Motor der Veränderung.

Der Heilige Geist ist ein Meister im Motivieren. Das hebräische Wort »ruach« bedeutet sowohl Geist als auch Wind. Der Wind ist eine Kraft, die in Bewegung bringt. Wie der Wind ein Segelboot voranbringt, so setzt uns der Geist in Bewegung, wenn er in unser Leben weht. »Welche der Geist Gottes treibt, die sind Gottes Kinder« (Römer 8,14), schreibt der Apostel Paulus. Der Heilige Geist bewegt von innen her. Er öffnet das Herz für Gottes Stimme, bewirkt Reue, wo wir auf verkehrte Bahnen geraten, schenkt Einsicht in Gottes Wahrheit, weckt Sehnsucht nach dem Vater, gibt Kraft, gute Entscheidungen zu treffen und Gottes Willen zu tun. Der Heilige Geist ist *die* Motivationskraft bei geistlichen Veränderungsprozessen. Doch der Geist hebt, wie wir im ersten Teil gesehen haben, unsere eigenen Kräfte nicht auf. Im Gegenteil: Er kooperiert mit ihnen und benutzt sie. So lohnt es sich, zu fragen: Welche menschlichen Motivationskräfte gibt es? Was bringt uns in Bewegung und wie kann Gottes Geist diese Faktoren in seinen Dienst nehmen?

Motivation ist ein vielschichtiges Phänomen. Sie kann auf unterschiedliche Weise in Gang kommen. Man kann Menschen extrinsisch, also von außen, motivieren durch Lohn oder Strafe. Das kennen wir alle: Es gibt einen Nachtisch, wenn der Teller leer gegessen ist, und eine Fünf im Diktat, wenn man nicht geübt hat, Knöllchen für zu schnelles Fahren oder eine Gehaltserhöhung oder Bonuszahlung bei besonderem Engagement im Betrieb. Es geht auch subtiler: Anerkennende Blicke und Schulterklopfen, wenn man sich in der Gemeinschaft so verhält, wie es geschätzt wird. Stirnrunzeln oder ein kritischer Kommentar, wenn man sich danebenbenimmt. In all diesen Fällen werden wir von außen motiviert. Wir strengen uns an, weil wir Anerkennung, gute Noten oder ein Gehalt bekommen und Kritik oder Strafe vermeiden wollen. Solche extrinsische Motivation ist nicht zu verachten. Sie kann uns anschieben und stützen. Wir werden beim Pfad der Gemeinschaft mehr davon hören. Doch die äußere Motivation allein trägt nicht weit. Sie bringt uns nur so sehr in Bewegung wie vier Studenten ein Auto, dessen Motor nicht läuft. Entscheidend ist, dass in uns der Motor anspringt, dass die Motivation von innen dazukommt.

Intrinsische Motivation kann auf dem Pfad der Erkenntnis entstehen. Wenn wir zum Beispiel erkennen, dass Massentourismus und industrielle Tierhaltung die Klimakrise verschärfen, kann uns das motivieren, auf eine Flugreise zu verzichten oder weniger Fleisch zu essen. Allerdings haben rationale Einsichten allein nur eine sehr begrenzte motivierende Kraft. Wir haben oben gesehen, dass zwischen Einsicht und Verhalten oft eine große Lücke klafft.

Das Wissen erreicht nicht unser Herz und kann den Willen nicht in Gang setzen. Und so kaufen wir statt Tofu doch die leckere Bratwurst oder buchen flott den supergünstigen Wochenendtrip mit dem Flieger nach Rom.

Damit der innere Motor wirklich anspringt, damit es zu echter Verhaltensänderung kommt, muss uns eine Einsicht in der Tiefe berühren. Sie muss unsere Emotionen erreichen und unsere Sehnsucht wecken.

Wir können da von der Werbung lernen: In Werbespots werden uns keine rationalen Gründe genannt, warum wir ein bestimmtes Auto oder eine Tiefkühlpizza der Marke X kaufen sollen. Stattdessen werden unsere Sehnsüchte angesprochen: Wir sehen Bilder von sonnigen Landschaften, hören Musik, die nach Freiheit und Abenteuer klingt, und dann wird uns das Auto gezeigt, das uns dies alles bescheren kann. Oder wir sehen eine glückliche Familie, lachende Kinder, den dankbaren Blick des Ehepartners und schließlich die Pizzasorte, die uns dieses Glück ins Haus bringt.

> **Damit der innere Motor anspringt, muss eine Einsicht unsere Emotionen erreichen.**

Die Werbeindustrie weiß: Unser Verhalten wird weniger von unseren rationalen Einsichten bestimmt als von unseren tiefer liegenden Sehnsüchten. Wir sind bei Weitem nicht so verstandesgesteuert, wie wir gern wären. Die meisten Alltagsentscheidungen treffen wir unbewusst, auf der emotionalen Ebene. Diese Tatsache, die sich die Werbeprofis zunutze machen, um ihre Produkte zu verkaufen, können wir auch selbst nutzen, um die innere Motivation zu wecken. Unsere Sehnsüchte sind unsere stärkste Motivationsquelle.

In uns allen schlummern Sehnsüchte, die unterhalb unserer konkreten Wünsche und Begierden liegen. Wir sehnen uns nach gelingendem Leben, nach echter Liebe und tiefen Beziehungen. Wir sehnen uns danach, einen Sinn zu finden, der unserem Leben

Erfüllung bringt. Wir haben das tiefe Bedürfnis, das Potenzial zu entfalten, das in uns steckt. Manchmal sind uns diese Sehnsüchte bewusst, oft aber sind sie tief vergraben unter den Anforderungen des Alltags. Für Veränderungsprozesse kann es von entscheidender Bedeutung sein, diesen tiefer liegenden Sehnsüchten auf die Spur zu kommen, denn hier liegen große Motivationspotenziale verborgen.

Das »Zürcher Ressourcen Modell« (ZRM) setzt an dieser Stelle an.[30] Es ist ein wissenschaftlich fundiertes und sehr erfolgreiches Selbstmanagementtraining. Bei einem ZRM-Trainingskurs fragt man nicht, welche Probleme die Teilnehmer gern lösen möchten. Stattdessen sucht man nach den tiefer liegenden Bedürfnissen. Mithilfe von Bildern, die gezeigt werden oder die man in sich aufsteigen lässt, können die Teilnehmer einen Zugang zu den eigenen Sehnsüchten finden. In der Folge wird daraus ein Ziel formuliert, das sie erreichen möchten. Maja Storch und Frank Krause, die das ZRM entwickelt haben, wissen: Motivation entsteht nicht durch abstrakte Zielformulierungen. Sie wird auch nicht geweckt, wenn ich ausdrücke, was ich nicht will, also durch negative Zielbeschreibungen. Motivation entsteht, wenn in meinem Inneren Bilder aufsteigen, wenn da eine Vision entsteht, die meinen tiefen Sehnsüchten entspricht.[31] Hier werden positive Emotionen ausgelöst und hier liegt die Energiequelle, die mich in Schwung bringt. Der innere Motor zündet.

Ich würde gern noch einen Schritt weiter, das heißt, eine Ebene tiefer gehen. Aus christlicher Perspektive sind unsere Sehnsüchte keine Zufälligkeiten. In den Sehnsüchten kommt zum Vorschein, was unsere Bestimmung als Geschöpf ist. Es schlummert in allen Menschen eine Ahnung, wozu wir auf der Welt sind. Wir sind nicht nur für uns selbst da. Unser Lebenssinn erschöpft sich nicht darin, uns fortzupflanzen. Gott hat uns Menschen zu seinen Ebenbildern geschaffen, die in Liebe und Vertrauen Beziehungen pflegen und in Freiheit und Würde die Schöpfung gestalten. Dieses Wissen hat Gott in uns hineingelegt. Es ist wahr: Wir sind Sünder. Unsere Ebenbildlichkeit ist beschädigt. Viele unserer Wünsche und Begierden sind verdreht und entsprechen nicht dem guten Willen Gottes. Doch die tiefer liegende Ahnung unserer Bestimmung ist noch da und sehnt sich nach Erfüllung.

Daher gibt es eine Korrespondenz zwischen unseren Sehnsüchten und Gottes Verheißungen und Weisungen für unser Leben. Was Gott für unser Leben will, ist nichts Fremdes, das uns übergestülpt wird. Seine Vision von menschlichem Leben verbiegt unsere Persönlichkeit nicht. Im Gegenteil: Sie legt unsere tiefste Bestimmung und unsere wahre Identität frei. Wir sind als Menschen, so sagte es der Kirchenvater Augustinus, auf Gott hin geschaffen und unser Herz ist unruhig, voller Sehnsucht, bis es in Gott Ruhe findet. In ihm liegt unsere tiefste Erfüllung. Seine Verheißung küsst unsere Sehnsucht. Und wo das passiert, wo göttliche Verheißung und menschliche Sehnsucht sich treffen, da besteht ein großes Veränderungspotenzial.

Da ist zum Beispiel eine Frau, nennen wir sie Gabi, die seit Jahren mit ihrem Bruder Paul verkracht ist. Paul hat sie mit seinem Verhalten stark verletzt und sie hat ihm heftige Vorwürfe gemacht. Er hat ihr schlimme Dinge an den Kopf geworfen, alles ist eskaliert und seitdem herrscht Funkstille. Kontaktabbruch.

Gottes Verheißung küsst unsere Sehnsucht.

Beide sind voll Zorn und fest überzeugt, im Recht zu sein. Viele Jahre später hört Gabi eine Predigt zum Thema Versöhnung. Sie erkennt, dass Gott Versöhnung will und dass Versöhnung durch seine Kraft möglich ist. Da bricht die Sehnsucht in ihr auf. Bilder steigen aus der Erinnerung auf, wie sie mit ihrem Bruder gespielt und geredet und gelacht hat und alles gut zwischen ihnen war. Sie spürt den starken Wunsch, ihren Bruder wiederzusehen. Zaghaft schreibt sie ihm, räumt ihre eigenen Fehler ein und erzählt, dass sie sich Versöhnung wünscht. Es dauert eine Weile, aber dann antwortet er ihr, und ein kleiner Spalt zur Versöhnung geht auf. Sehnsucht motiviert und führt zu Veränderung.

Ich denke auch an Sven, einen künstlerisch begabten Mann. Gern hätte er seine Neigung zum Beruf gemacht. Aber er kommt aus einfachen Verhältnissen, wo Kunst keine Rolle spielte. Sein Vater machte ihm klar: »Du lernst ›was Ordentliches‹!« So wurde er Handwerker. Viel später kam Sven in die Gemeinde und lernte Gott kennen. Da fiel ein neues Licht auf sein Leben. Er entdeckte, dass seine Talente Gottes Gaben sind und dass wir mit diesen Gaben Gott ehren und Menschen aufbauen können. Damit brach etwas in ihm auf. Seine tiefe Sehnsucht und Gottes Verheißung trafen sich, und der Motor sprang an. Sven begann, Bilder zu malen, in denen er seinen Glauben ausdrückte. Beim Malen legte er, der sonst etwas antriebsschwach war, eine erstaunliche Produktivität an den Tag. Da war auf einmal viel Energie und Leidenschaft und Begeisterung. Seine Bilder werden wohl nie in einem Kunstmuseum zu sehen sein, aber sie sind schön und echt und machen Gottes Liebe auf eine ganz besondere Weise sichtbar.

Wo Sehnsucht auf Verheißung trifft, springt die Motivation an. Gottes Verheißung weckt die Sehnsucht auf und entzündet zugleich die Hoffnung, dass Veränderung tatsächlich geschehen kann.

Nicht jeder Veränderungswunsch ist realistisch. Nicht jeder Traum geht in Erfüllung. Nicht jeder findet einen Partner oder eine Partnerin. Nicht jede Krankheit wird geheilt. Nicht jeder kann ein Spitzensportler werden oder als Model auftreten. Zum Erwachsenwerden im Glauben gehört auch, dass man Illusionen über sich selbst als solche erkennt und sich von unrealistischen Lebensträumen verabschiedet. Aber wo Gott Veränderung verheißt, da ist sie möglich! Wo Verheißung unsere Sehnsucht berührt, werden wir befreit aus dem resignierten »Ich schaff es ja doch nicht!«. Eine positive Erwartung entsteht. Und die verstärkt wiederum unsere Motivation, nun tatsächlich aufzubrechen. Nüchtern formuliert es der Bildungsexperte Gerhard Roth: »Die Leistungsmotivation ist umso größer, je höher die Erfolgsaussichten und je höher der Wert des angestrebten Zieles ist.«[32]

Motivation entsteht, wenn wir ein Zukunftsbild von unserem Leben haben, das unsere Sehnsucht trifft und uns mit Hoffnung erfüllt. Auf diese Weise motiviert auch Jesus. Er gibt seinen Jüngern keine To-do-Listen und überreicht ihnen kein Handbuch mit Regeln. Stattdessen erzählt er ihnen vom Reich Gottes. In der Bergpredigt zum Beispiel malt er eine Vision, wie ein Leben unter Gottes guter Herrschaft aussieht. Er zeigt ihnen das große Bild und leitet davon ausgehend ab, welches Verhalten dem angemessen ist. Seine Taten unterstreichen, was seine Worte beschreiben. Die Heilungen und Machttaten, die Jesus vollzieht, sind Zeichen. Da wird sichtbar und manifest, dass in Gottes Kraft Verwandlung möglich ist.

Wo Sehnsucht auf Verheißung trifft, springt die Motivation an.

So entzündet Jesus bei seinen Nachfolgern die Hoffnung, dass sie selbst Teilhaber dieser großen Verwandlung sein können. Er lässt sie spüren, dass sie eine Schlüsselrolle in diesem Prozess spielen werden und dass Gott durch sie sein Reich ausbreiten will. Schaut man sich an, mit welchem rasanten Tempo sich die Jesusbewegung nach Pfingsten ausgebreitet hat, dann ahnt man, was für eine ungeheure Energie hier freigesetzt worden ist.

Wenn Sie in Ihrem Glauben wachsen wollen, dann ist der Pfad der Motivation von entscheidender Bedeutung. Fangen Sie bei Ihrer Sehnsucht an! Spüren Sie dem nach, was Sie sich in der Tiefe der Seele wünschen. Und dann schauen Sie, ob es Verheißungen Gottes für Ihr Leben gibt, die dem entsprechen. Durchforsten Sie die Bibel danach! Fragen Sie Ihren Pastor oder Ihre Pfarrerin oder Freunde oder die Leute im Hauskreis! Vielleicht gibt es den Punkt, wo Ihre Sehnsucht und Gottes Verheißung sich küssen. Manchmal passiert es auch auf dem umgekehrten Weg, dass wir von einem Satz aus der Bibel merkwürdig angerührt sind. Wir hören ihn vielleicht in einer Predigt oder lesen ihn zufällig, und irgendwie trifft uns dieses Wort. Es macht uns unruhig, wühlt etwas auf und berührt einen tief verborgenen Wunsch. Dann gilt es, sehr aufmerksam zu werden und dem nachzuspüren.

Zum Schluss ein Beispiel, an dem deutlich wird, welchen Einfluss die rechte Motivation in der Praxis hat. Eines Sonntags in der Predigt appelliert der Pfarrer eindringlich, dass man doch regelmäßig beten sollte. Während Laura zuhört, steigen Erinnerungen an die mahnende Stimme ihrer frommen Großmutter auf, die ihr als Kind eingeschärft hat, dass man jeden Tag sein Abendgebet sprechen muss. Der Appell des Pfarrers, die Erinnerung an die Oma und die rationale Einsicht, dass Beten ja eigentlich eine gute Sache ist, bringen etwas in Laura in Gang. »Ich sollte häufiger beten«, nimmt sie sich vor. Was Laura da motiviert, hat wenig mit Lust und Leidenschaft zu tun und viel mehr mit Pflichtgefühl und schlechtem Gewissen. Es ist eine schwache Motivation. Vermutlich wird ihr Vorsatz nicht weit reichen, und sie wird schnell Ausreden finden, warum sie gerade heute keine Zeit fürs Beten hat.

Ganz anders geht es Larissa. Sie hat kürzlich einen Podcast zum Thema Gebet gehört, in dem Menschen begeistert von ihren Gebetserfahrungen berichten. Sie erzählen von Gott als der Quelle des Lebens, von tiefen Begegnungen mit dem Schöpfer, von einem vertrauten Umgang mit dem Vater im Himmel. Larissas Sehnsucht wird wachgeküsst: Sie stellt sich vor, wie sie in ihrem Zimmer eine schöne Gebetsecke einrichtet und dort intensive Zeiten mit Gott erlebt, zur Ruhe kommt und an der Quelle des Lebens neue Kraft schöpft. Sie freut sich schon auf ihre erste Gebetszeit, und das erfüllt sie mit frischer Energie. Da ist eine starke Motivation, die mit positiven Emotionen verbunden ist.

Die Wahrscheinlichkeit ist hoch, dass sie ihren Wunsch in die Tat umsetzt. Sicher wird Larissa bald merken, dass nicht jede Gebetszeit ein emotionaler Höhenflug ist, und wahrscheinlich wird sie weitere Hilfen brauchen, um am Gebet dranzubleiben. Doch der Schwung des Anfangs ist da und befähigt sie, die ersten Schritte zu gehen. Der Motor läuft und bringt sie in Gang.

Wenn zur Motivation der feste Wille kommt, dranzubleiben, dann wird sich in Larissas Leben einiges ändern. Dies ist der dritte Pfad der Veränderung.

IMPULSE ZUR REFLEXION ODER ZUM AUSTAUSCH

► In welchen Bereichen Ihres Lebens sind Sie besonders stark motiviert?

► Welche Sehnsüchte schlummern in Ihnen? Was treibt Sie im Tiefsten um und an? Nehmen Sie sich für diese Frage einen Moment Zeit und spüren Sie in sich hinein! Es könnte sein, dass eine Sehnsucht unter der Oberfläche verborgen ist und Ihnen nur durch ruhige Selbstbetrachtung bewusst wird.

► Welche biblische Verheißung, welche Zusage oder Aufforderung Gottes passt zu einer Ihrer Sehnsüchte? Falls Ihnen keine Idee kommt, fragen Sie Menschen, die Sie gut kennen und denen Sie vertrauen.

▶ Welche Aktivitäten oder Praktiken Ihres Christseins sind für Sie – wie bei Laura – eher mit Pflichtgefühl und schlechtem Gewissen verbunden? Bei welchen empfinden Sie – wie Larissa – Lust und positive Emotionen?

3

DER PFAD DER ENTSCHEIDUNGEN – DIE KRAFT DES FESTEN WILLENS

Viel mehr als unsere Fähigkeiten sind es unsere Entscheidungen, die zeigen, wer wir wirklich sind.

Joanne K. Rowling[33]

Im Gleichnis vom verlorenen Sohn beschreibt Jesus eine Lebenswende.[34] Ein junger Mann aus gutem Hause gerät in eine Abwärtsspirale, verliert alles, was er hat, und endet im Schweinestall. An diesem Tiefpunkt seines Lebens kommt es zur Wende. Jesus sagt: »Da ging er in sich« (Lukas 15,17). Vorher war er also offenbar »außer sich« gewesen, ganz in Beschlag genommen von den äußeren Dingen. Er wurde getrieben, erst von den Möglichkeiten, die das Geld ihm bot, und später von den Zwängen, die der Geldmangel ihm auflegte. Ein Mensch, der nur an der Oberfläche lebte. Doch nun geht er in sich und schaut in Ruhe sein Leben an.

In diesem Moment gewinnt er eine Erkenntnis, die er vorher nicht hatte. Es ist ein Moment kontemplativer Klarsicht. Er sieht seinen Vater in einem neuen Licht, als den, bei dem es »Brot in Fülle« gibt. Er sieht aber auch deutlich, was ihm selbst widerfahren wird, wenn er nichts ändert: Tod durch Verhungern. Mit der Erkenntnis wird eine Sehnsucht wach. Bilder steigen auf von einem Leben in der Geborgenheit beim Vater, von Feiern und Lachen, von Zugehörigkeit und Würde. Der Sohn bekommt Sehnsucht nach seinem Zuhause. Und nun kommt es zu einem Schlüsselmoment. Dort im Schweinestall trifft der Sohn eine Entscheidung: »Ich will mich aufmachen und zu meinem Vater gehen« (Vers 18).

Die Sehnsucht versandet nicht in vagen Träumereien – »Irgendwann könnte ich ja mal…« –, sondern sie führt zu einem festen Entschluss: Ich will. Aus der Einsicht wird eine Absicht, aus der Motivation ein konkretes Wollen. Für einen geistlichen Veränderungsprozess ist so ein »Ich will« von zentraler Bedeutung.

In der Bibel werden Menschen immer wieder im Namen Gottes auf ihren Willen angesprochen und vor Entscheidungen gestellt.

Aus Einsicht wird Absicht. Als zum Beispiel das Volk Israel das Land Kanaan eingenommen hat und für die Israeliten eine neue Lebensphase auf eigenem Boden beginnt, stellt Josua die Menschen vor eine Entscheidung: »Wählt heute, wem ihr dienen wollt: Gott oder den Göttern! Ich aber und mein Haus, wir wollen dem Herrn dienen!« (vgl. Josua 24,15).

Auch Jesus fordert vielfach Menschen zu Willensschritten auf und stellt sie vor Entscheidungen. »Folge mir nach!«, sagt er zu einem Zöllner, der nun einen Entschluss fassen muss: In der Zollstube sitzen bleiben oder aufstehen und mit Jesus gehen (Markus 2,14)?

Als Jesus sich einmal in Jerusalem aufhält, besucht er den Teich Betesda. Dem Wasser in diesem Teich werden Heilkräfte nachgesagt und viele Kranke halten sich dort auf. Unter ihnen sieht Jesus einen Menschen, der gelähmt ist und seit Jahren an dem Teich liegt. Jesus geht auf ihn zu und stellt ihm eine erstaunliche Frage: »Willst du gesund werden?« (Johannes 5,6). Dieser Mensch hat jahrzehntelang in völliger Passivität gelebt. Sein Wille ist so erschlafft wie seine Muskeln. Doch nun muss er klären: Was will ich eigentlich? Das ist der erste Schritt aus der Lethargie und der Anfang seiner Heilung.

Unser Wille spielt eine Schlüsselrolle im Glaubensleben. Hier vollzieht sich die Weichenstellung, die darüber entscheidet, in welche Richtung sich unser Leben entwickelt. Neben Kognition und Emotion stellt die Volition, also das Wollen, eine der grundlegenden seelischen Kräfte dar, mit denen uns der Schöpfer ausgestattet hat. Doch was genau der Wille vermag, ist umstritten.

Der Humanist Erasmus von Rotterdam, ein Zeitgenosse Luthers, vertrat seinerzeit die These, dass jeder Mensch frei entscheiden könne, wie er sich verhält. Der Reformator verfasste darauf eine grimmige Gegenschrift. Die Vorstellung, dass der Mensch wie Herkules am Scheideweg frei entscheiden könne, welchen Lebensweg er wählt, hielt Luther für reichlich naiv. In Wirklichkeit sei der Mensch von der Macht der Sünde gefangen, sein Wille sei »geknechtet« und nur durch Gottes Gnade würden wir fähig, gute Entscheidungen zu treffen.[35]

Seitdem wird in der Theologie immer wieder kontrovers über die Willensfreiheit debattiert. Und nicht nur dort. Auch in der Gehirnforschung wird bisweilen infrage gestellt, dass der Mensch einen freien Willen hat. Manche Forscher gehen davon aus, dass das subjektive Freiheitsgefühl nur eine

Eigentlich will ich freundlich bleiben, aber dann platzt mir doch der Kragen.

Illusion ist und wir letztlich vom Unbewussten gesteuert werden. Andere, wie zum Beispiel der Neurologe Joachim Bauer, lehnen solchen Determinismus ab.[36] Sie argumentieren nicht theoretisch, sondern pragmatisch: Die alltägliche Erfahrung zeige doch klar, dass wir uns in einer bestimmten Situation so oder anders entscheiden können.

Es gehört allerdings genauso zu unserer Alltagserfahrung, dass wir nicht immer tun, was wir eigentlich wollen. Nicht selten erleben wir eine innere Zerrissenheit. Im 7. Kapitel des Römerbriefs beschreibt Paulus dies eindrücklich: »Wie ich handle, ist mir unbegreiflich. Denn ich tue nicht das, was ich eigentlich will. Sondern ich tue das, was ich verabscheue« (Römer 7,15; BAB). Wer kennt solche Momente nicht? Eigentlich will ich freundlich bleiben, wenn der Kunde pampig wird. Aber dann platzt mir doch der Kragen. Eigentlich will ich mir keine erotischen Bilder anschauen, aber dann klickt der Finger wie von selbst auf die falsche Internetseite.

Unser Wille ist nicht wie der Kapitän, der auf der Brücke unseres Lebensschiffs steht und von dort aus souverän seine Befehle erteilt. Vielmehr befinden wir uns in einem Kraftfeld. Verschiedenste Kräfte wirken auf unser Wollen ein. Es gibt eine Vielzahl gegensätzlicher Einflüsse, von außen wie von innen, denen wir ausgesetzt sind. Sie zerren uns hin und her und wir schwanken wie ein Schiff im Sturm. Einen wirklich »freien« Willen haben wir sicher nicht. Allerdings verfügen wir doch über einen gewissen Entscheidungsspielraum. Der Soziologe Tobias Künkler spricht hier von einem »Möglichkeitsraum für Entscheidungen«. Dieser Spielraum sorgt dafür, dass ich mich »mit meinem schwachen Willen im Einzelfall auch gegen das Kraftfeld entscheiden kann«[37].

Jeder Mensch hat also einen gewissen Freiraum, in dem er Entscheidungen treffen kann, die sein Leben verändern – so wie der verlorene Sohn, bei dem der Entschluss zur Tat führt: »Ich will mich aufmachen … Und er machte sich auf« (Lukas 15,18.20). Im Lebensalltag lassen wir uns für gewöhnlich treiben. Wir schwimmen in einem Strom aus tausend Routinen, Gewohnheiten und Konventionen. Wenn ich in diesem Strom weiterschwimmen will, brauche ich keine bewusste Entscheidung zu treffen. Es passiert von ganz allein. Doch wenn ich meinem Leben eine andere Richtung geben will, muss ich gegen den Strom schwimmen. Das erfordert einen bewussten Akt des Willens.

Die Motivationspsychologen Heinz Heckhausen und Peter Gollwitzer haben intensiv untersucht, wie genau es zu solchen Verhaltensveränderungen im Leben von Menschen kommt. Das Ergebnis ihrer Forschungen haben sie in einem Konzept gebündelt, das sie »Rubikon-Modell« nennen. In diesem Modell werden vier Phasen unterschieden: die Abwägephase, die Planungsphase, die Handlungsphase und die Bewertungsphase. Das entscheidende Moment liegt zwischen der Abwäge- und der Planungsphase. Hier erfolgt der »Schritt über den Rubikon«. Wie der Feldherr Cäsar einst mit seiner Armee den Fluss Rubikon überquerte und damit die Entscheidung traf, sich gegen die Machthaber in Rom zu stellen und Rom anzugreifen, so gibt es auch in Transformationsprozessen diesen einen Schritt, wo aus Überlegungen eine klare Intention, eine ausdrückliche Entscheidung wird.[38]

Wir schwimmen in einem Strom aus tausend Routinen, Gewohnheiten und Konventionen.

Viele Menschen, die als Christen leben, haben irgendwann einmal so eine große Entscheidung getroffen. Sie haben die Einladung von Jesus gehört und sich entschieden, seine Jünger zu werden. Da erfolgte dieser Schritt über den Rubikon, wo sie ihr altes Leben hinter sich gelassen und ein neues Leben begonnen haben. Doch zur Jüngerschaft gehört nicht nur diese eine große Entscheidung am Anfang. Jesus zu folgen heißt, immer wieder bewusste Entscheidungen zu treffen, immer wieder ein »Ich will« zu sprechen. Nachfolge bedeutet, täglich in kleinen Schritten hinter Jesus herzugehen, seine Worte zu hören, seine Impulse wahrzunehmen und unseren Lebenstrott von ihm verändern zu lassen.

Wenn wir so ein »Ich will mich aufmachen« gesprochen haben, wie kommen wir dann von der Entscheidung zur Tat? Wie kommen wir dahin, uns tatsächlich aufzumachen? Welcher Art müssten unsere Entschlüsse sein, damit sie zu wirklicher Veränderung führen?

Zwei Faktoren sind dafür wichtig: Entscheidungen brauchen Verbindlichkeit und Konkretheit.

Je verbindlicher ich eine Absicht mache, desto höher ist die Wahrscheinlichkeit, dass ich sie umsetze. Vielleicht haben Sie ja beim Lesen des vorletzten Kapitels ein Bedürfnis nach Stille gespürt. »Eigentlich«, denken Sie, »sollte ich auch mal eine Auszeit machen und Stille suchen!« Einen solchen Vorsatz kann man in Gedanken fassen. Ein bloßer Gedanke hat allerdings nur einen niedrigen Grad an Selbstverpflichtung. Stärker wird die Verbindlichkeit, wenn man seine Absicht aufschreibt. Am besten so, dass Sie das Geschriebene tagsüber öfters sehen. Damit steht es uns gegenüber und hält den Vorsatz im Bewusstsein.

Noch verbindlicher wird es, wenn Sie mit anderen Menschen über Ihr Vorhaben sprechen. Sie könnten zum Beispiel einem Freund oder einer Freundin davon erzählen und sie bitten: »Frag doch mal nächste Woche nach, ob ich schon einen Termin gemacht habe.« Das ist ein hoher Grad von Selbstverpflichtung, der ein starker Ansporn ist, das Gewünschte tatsächlich zu verwirklichen. Die Motivationsfachleute Jens-Uwe Martens und Julius Kuhl bringen das folgendermaßen auf den Punkt:

Entscheidungen brauchen Verbindlichkeit und Konkretheit.

Sich selbst verpflichten, selbstständig – vielleicht sogar gegen innere und äußere Widerstände – einen Entschluss fassen, ist der einzige Weg zu einer Motivation, die stark genug ist, auch große und unerwartete Schwierigkeiten zu überwinden und bei längeren Durststrecken durchzuhalten.[39]

Neben der Verbindlichkeit ist die Konkretheit eine große Hilfe, um eine Absicht tatsächlich umzusetzen. Wer sich nur vage vornimmt: »Irgendwann werde ich mal Stille suchen«, der wird vermutlich lange damit warten. Sinnvoller ist es, seine Absicht konkret und spezifisch zu formulieren: »In diesem Jahr werde ich für ein Wochenende in ein Einkehrhaus gehen, wo ein Stille-Angebot gemacht wird.« Das Spezifische stärkt die Verbindlichkeit und macht das Vornehmen überprüfbar. Zugleich entsteht dadurch ein inneres Bild. Ich kann mir etwas vorstellen, und das hilft mir, das innere Bild in die Tat umzusetzen.

Der bereits erwähnte Motivationsforscher Peter Gollwitzer hat dazu eine praktische Methode entwickelt. Es sind die sogenannten Wenn-Dann-Pläne. Seinen Forschungen zufolge hilft es Menschen, gesetzte Ziele zu erreichen, wenn sie sich möglichst genau vorstellen, wie sie sich in einer kritischen Situation verhalten: Wenn das und das passiert, dann tue ich das und das. Wer auf eine gesundere Ernährung achten möchte, könnte folgenden Wenn-Dann-Plan fassen: »Wenn es auf der Feier heute Abend am Buffet verschiedene Nachtische gibt, dann nehme ich keinen Pudding, sondern Obst.« Indem wir uns das erwünschte Verhalten vorab vorstellen, es imaginieren, können wir es in der realen Situation leichter umsetzen.[40]

Schon Jesus hat für seine Jünger Wenn-Dann-Pläne formuliert.

Wenn-Dann-Pläne hat übrigens schon Jesus für seine Jünger formuliert, zum Beispiel in der Bergpredigt: »Wenn dich jemand auf die rechte Backe schlägt, dann halte ihm auch deine andere Backe hin!« (Matthäus 5,39; BAB). In einem von den Römern besetzten Land konnten Konflikte zwischen Besatzern und Einheimischen schnell eskalieren. Ein einziger Schlag eines Soldaten konnte im Nu eine Spirale der Gewalt in Gang setzen. Jesus entwirft für seine Anhänger einen Wenn-Dann-Plan, der so spezifisch ist, dass ein inneres Bild entsteht. Wenn es dann zu der kritischen Situation kommt, können die Jünger dieses imaginierte Verhalten vergegenwärtigen und Ruhe bewahren, statt sich provozieren zu lassen.

Ein bewusstes »Ich will« verbunden mit verbindlichen Absprachen und konkreten Wenn-Dann-Plänen kann in vielen Lebenssituationen zu praktischen Veränderungen führen. Nehmen wir zum Beispiel Lars. Er ist ein junger, etwas schüchterner Mann. Seit gut einem Jahr arbeitet er in einer neuen Abteilung seiner Firma. Das Verhältnis zu einem seiner älteren Kollegen dort ist schwierig. Lars hat das Gefühl, dass der Kollege sich wie ein Chef aufführt, ihm immer die unangenehmen Arbeiten zuschiebt und ihn schikaniert. Er leidet darunter und ärgert sich, aber er hat Angst, seinen Kollegen zu konfrontieren.

In einer Predigt hört Lars, dass Gott uns nicht einen Geist der Furcht gegeben hat, sondern der Kraft und der Liebe und der Besonnenheit. Er erfährt, dass wir uns als Christen nicht scheuen sollen, Unrecht anzusprechen, und dass wir mit Gottes Kraft mutig Konflikte angehen können. Gottes Verheißung trifft auf seine Sehnsucht und so reift ein Entschluss, ein »Ich will«. Es ist Zeit, etwas zu verändern. Mit seinem Mentor, der Lars schon einige Jahre begleitet, spricht er die ganze Sache durch. Lars formuliert seine Absichtserklärung: »Ich will mit meinem Kollegen auf Augenhöhe zusammenarbeiten und unangemessenes Verhalten zurückweisen.« Sie beten zusammen und bitten Gott, dass er Lars Mut schenkt. Und sie entwickeln einen Wenn-Dann-Plan: »Wenn der Kollege mir morgen eine Arbeit zuschieben will, die eigentlich er erledigen muss, dann werde ich ihm freundlich, aber klar sagen: ›Tut mir leid, das ist deine Aufgabe. Ich habe anderes zu tun.‹«

Als am folgenden Tag tatsächlich die erwartete Situation eintritt, findet Lars den Mut, die vorbereiteten Worte zu sagen. Er ist selbst ein wenig erstaunt, wie ruhig er das aussprechen kann. Sein Kollege sieht ihn irritiert an, wirkt einen Moment unentschlossen und murmelt dann: »Okay, dann mach ich es eben selber.«

Gute Vorsätze müssen nicht versanden.

Gute Vorsätze müssen nicht versanden. Wer verbindliche, konkrete Entscheidungen trifft, der kann Erstaunliches erreichen. Aus dem Konjunktiv unseres Lebens, dem »Ich könnte, müsste, sollte«, kann ein Indikativ werden, ein »Ich kann, ich will, ich darf«. Die Veränderung beginnt.

Wie bei Lars kann es eine Hilfe sein, wenn wir solche Entscheidungen mit anderen besprechen. Diese Kraft der Gemeinschaft ist der vierte Pfad, den ich vorstellen möchte.

IMPULSE ZUR REFLEXION ODER ZUM AUSTAUSCH

▶ Schätzen Sie Ihre eigene Willensstärke ein und markieren Sie auf der Skala, wo Sie sich befinden.

▶ Kennen Sie die innere Zerrissenheit, die Paulus in Römer 7 beschreibt? Wo erleben Sie, dass Sie nicht das tun, was Sie eigentlich wollen?

▶ Welche Entscheidung steht in Ihrem Leben, in Ihrem Christsein an?

- ▶ Was hindert Sie, diese Entscheidung zu treffen? Welche positiven Folgen hätte es, wenn Sie sie treffen würden?
- ▶ Wie würde der nächste konkrete Schritt aussehen, wenn Sie Ihre Entscheidung getroffen haben?

4

DER PFAD DER GEMEINSCHAFT – LERNEN IN BEZIEHUNG

Alle Veränderungen der Welt haben mit einer Handvoll Menschen begonnen.

Yasar Kemal

In der Zeit, als ich in Tansania lebte, wollte ich unbedingt den Kilimandscharo besteigen. Oft habe ich diesen majestätischen Berg aus der Ferne gesehen, und immer hat er mich fasziniert und angezogen. Irgendwann klappte es und ich buchte eine Tour dorthin. Wir waren eine kleine Gruppe: drei Teilnehmer, ein paar Träger und der Guide. Man muss kein guter Kletterer sein, um auf den Kili zu kommen, und auch nicht über besondere Muskelkraft verfügen. Man braucht nur Ausdauer.

Fünf Tage sollte das ganze Unternehmen dauern. Dreieinhalb Tage für den Aufstieg und anderthalb für den Abstieg. Die ersten Etappen, bis 4 000 Meter Höhe, waren ganz locker. Wir spazierten einfach hoch. Aber dann wurde es hart. Die letzte Übernachtung verbringt man auf 4 500 Metern Höhe. Da ist die Luft so dünn, dass an Schlaf nicht zu denken war.

Noch in der Nacht brachen wir auf, um zum Gipfel zu kommen. Jetzt ging es steil den Kraterrand hinauf. Ein schmaler Serpentinenpfad, immer höher und höher. Einer der Teilnehmer konnte nicht mehr und so waren wir nur noch zu dritt: Unser tansanischer Guide, der vorneweg ging, Herr Fudschi aus Japan und ich. Herr Fudschi war deutlich älter als ich. Er war klein und zierlich. Aber er hatte Ausdauer. So ging er vor und ich hinterher, immer höher hinauf.

Mit jedem Schritt wurde es schwerer. In dieser Höhe ist die Luft so sauerstoffarm, dass man überhaupt keine Kraft mehr hat. Meine Füße fühlten sich an, als wären sie aus Blei. Ich bekam sie kaum noch hoch und war so ausgepumpt, dass ich drauf und dran war, aufzugeben. Aber nun ging ja dieser Japaner vor mir. Und immer dachte ich: »Wenn Herr Fudschi aufgibt, dann gebe ich auch auf.« Doch Herr Fudschi gab nicht auf. Er ging weiter. Schritt für Schritt, Kurve um Kurve. Und ich hinterher, Schritt für Schritt, Kurve um Kurve. Wir gingen immer weiter. Nach endloser Zeit erreichten wir tatsächlich den Kraterrand. Ohne Herrn Fudschi hätte ich das nie geschafft. Ganz sicher. Indem er vor mir herging, zog er mich mit. Und so kamen wir am Ziel an. Absolut erschöpft, aber total glücklich.

In Gemeinschaft werden Kräfte frei, die wir alleine nicht abrufen können.

Auf dem Pfad der Gemeinschaft schaffen wir Sachen, die wir alleine nie erreichen würden. In Gemeinschaft werden Kräfte frei, die wir alleine nicht abrufen können. Das ist der Grund, weshalb Jesus keine Einzelschüler hatte. Wer ihm folgen wollte, wurde unweigerlich Teil einer Gemeinschaft. Es war eine sehr heterogene Truppe, die sich da um Jesus bildete: bodenständige Fischer, zwielichtige Zöllner, vornehme Damen und Frauen aus dem Milieu, politische Fanatiker, romfreundliche Kollaborateure, kluge Theologen und ehemalige Pflegefälle. Sie alle wurden von Jesus zu einer neuen Gemeinschaft geformt, der Keimzelle der Kirche.

Diese Gemeinschaft sollte Jesus nach seiner Auferstehung auf der Erde repräsentieren und sein Werk fortsetzen. Jesus hat seine Nachfolger aber auch deshalb zu einer Gemeinschaft geformt, damit sie miteinander lernen, ihm als Meister zu folgen. Die Jüngergemeinschaft war eine Lerngemeinschaft. Sie diskutierten und stritten miteinander, sie machten gemeinsam Entdeckungen, probierten sich in Predigen und Heilen, durchlitten gemeinsam tiefe Enttäuschungen und erlebten zusammen das Wunder der Auferstehung. Mit dem Pfingstfest fing diese Gemeinschaft an, sich zu multiplizieren. Das Evangelium wurde an immer neuen Orten gepredigt, und überall, wo Menschen zum Glauben fanden, bildeten sie neue Gemeinschaften.

Diese Gemeinschaften, die ja anfangs noch ohne Hauptamtliche waren und ohne theologische Ausbildung, ohne stützende Traditionen und mit nur seltenen apostolischen Besuchen, fungierten wie geistliche Selbsthilfegruppen. Es ist aufschlussreich, wie oft in den Briefen des Neuen Testaments die Gemeindeglieder zu gegenseitiger Unterstützung aufgefordert werden. Sie sollen einander trösten, lehren, ermuntern und ermahnen, anspornen und aufbauen.[41] Die christliche Gemeinde war also von Anfang an ein Ort, wo Menschen miteinander Glaube, Hoffnung und Liebe einübten und sich gegenseitig dabei unterstützten, ihr Leben mehr und mehr von Christus prägen zu lassen.

Gemeinden fungierten wie geistliche Selbsthilfegruppen.

So ist es geblieben durch die Geschichte der Christenheit hindurch. Die Keimzellen von geistlicher Erneuerung und Veränderung waren eigentlich immer Gemeinschaften. Denken Sie an die diversen Klostergemeinschaften, an die Gemeinschaft an Martin Luthers Esstisch, die Hausbibelstunden im Pietismus, die Jesuiten und die Herrnhuter Brüdergemeine, ökumenische Kommunitäten oder die chinesischen Hauskirchen. In der verbindlichen Gemeinschaft werden Kräfte frei, die das Leben Einzelner und der ganzen Kirche transformieren.

Das ist nicht nur in der Kirche so. Wenn Menschen in ihrem Leben etwas verändern wollen, machen sie die Erfahrung, dass es eine enorme Hilfe ist, wenn sie sich mit anderen zusammenschließen: Ob Anonyme Alkoholiker oder Weight Watchers, Lauftreff oder Yogagruppe – überall merken wir: Gemeinsam kann man Veränderungen besser umsetzen als allein. Denn, so formuliert es der Neurologe und Psychotherapeut Joachim Bauer, »niemand kann sich am eigenen Schopf aus dem Sumpf ziehen. Wer sich verändern will, sollte daher andere suchen, die ihn begleiten.«[42]

Die Kraft der Gemeinschaft kommt daher, dass wir Menschen Beziehungswesen sind. So hat uns Gott geschaffen. Schon ganz am Anfang befand er: »Es ist nicht gut, dass der Mensch allein sei; ich will ihm eine Hilfe machen, die ihm entspricht« (1. Mose 2,18). Wir Menschen taugen nicht zu Einzelgängern. Wir brauchen ein Gegenüber, brauchen die Mitmenschen. In der Beziehung zu anderen finde ich mich selbst. Indem ich anderen zuhöre, ihr Verhalten wahrnehme, ihre Reaktionen auf mich verarbeite, formen sich meine Überzeugungen, meine Werte, mein Verhalten.

Wenn Sie also den Wunsch haben, Ihr Leben von Jesus verändern zu lassen, dann suchen Sie sich am besten eine Gemeinschaft von Gleichgesinnten, die Ihren Wunsch teilen. Idealerweise ist das eine Gemeinschaft, wo nicht nur über den Glauben geredet, sondern der Glaube praktiziert wird, wo gemeinsam gebetet und gesungen, getröstet und herausgefordert und geteilt wird.

Tobias Künkler, der intensiv die Bedeutung der Beziehungen für das Lernen erforscht hat, resümiert:»Indem wir Teil einer Gemeinschaft werden, erlernen wir, gleichsam natürlich und meist nebenbei, die spezifischen Fähigkeiten und Praktiken dieser Praxisgemeinschaften und somit neben Handlungs- auch Denk-, Wahrnehmungs- und Bewertungsmuster.«[43] Einfacher formuliert: Wenn wir uns einlassen auf Menschen, die eine bestimmte Lebenspraxis ausüben, werden wir motiviert und befähigt, selbst so ein neues Verhalten auszuprobieren.

Die verändernde Kraft der Gemeinschaft habe ich an vielen Hauskreisabenden erlebt. So oft kam es vor, dass jemand dabei war, der aus irgendeinem Grund niedergeschlagen oder einfach müde war.»Eigentlich wäre ich heute viel lieber auf dem Sofa geblieben. Ich bin so was von k. o.« war kein seltenes Statement bei der Eingangsrunde. Aber immer wieder passierte dann diese erstaunliche Sache, dass sich im Laufe des Abends die Stimmung veränderte. Der Austausch über einen Bibeltext, das gegenseitige Erzählen vom eigenen Leben, von Scheitern oder Gelingen oder besonderen Erfahrungen mit Gott, das gemeinsame Beten und Singen – das alles war wie ein Funkenflug des Heiligen Geistes, der ein geistliches Feuer entfachte. Da wurde spürbar Energie freigesetzt und müde Lebensgeister wurden munter. Häufig sagte jemand am Ende des Abends:»Wie gut, dass ich nicht auf dem Sofa geblieben bin, sondern mich aufgerafft habe!«

Gemeinschaft ist ein entscheidender Katalysator bei Transformationsprozessen.

Gemeinschaft ist ein entscheidender Katalysator bei Transformationsprozessen. In der Gemeinschaft kommen geistliche Veränderungen in Gang, die man alleine nicht bewältigen würde. Aber wie genau fördert die Gemeinschaft solche Veränderungen?

Das geschieht auf unterschiedlichen Ebenen. Da ist zum einen die kognitive Ebene: Im Gespräch mit anderen können wir Erkenntnisse gewinnen, etwa aus einem biblischen Text, einer Predigt oder einem Vortrag. Wir fassen unsere diffusen Gedanken in klare Worte, sprechen Fragen und Zweifel aus, tauschen unterschiedliche Sichtweisen aus. So kauen wir gleichsam die Informationen durch, verarbeiten sie und kommen auf diesem Weg zu einem tieferen Verständnis.

Im Gespräch können zudem allgemeine Glaubenswahrheiten konkretisiert und auf die eigene Situation übertragen werden. Wenn wir zum Beispiel das Gleichnis vom barmherzigen Samariter lesen, kann jeder in der Gruppe die Geschichte mit seinem eigenen Leben verbinden. Wir erzählen uns, welchen Menschen wir selbst begegnet sind, die »unter die Räuber gefallen« sind, wie wir da reagiert haben oder wie wir anders hätten reagieren können. Die Erzählungen der anderen weiten meinen Blick. Sie helfen mir, meine eigenen Begegnungen mit Not in einem neuen Licht zu sehen und neue Reaktionsmöglichkeiten zu entdecken. So wird theoretisches Wissen mit dem alltäglichen Handeln in Verbindung gebracht. Der Austausch im Gespräch ist deshalb eine wichtige intellektuelle Hilfe, um das Gehörte in mein Leben zu übersetzen.

Mindestens genauso wichtig wie ein tieferes Verstehen ist das, was in einer Gemeinschaft auf der emotionalen Ebene geschieht: Im kleinen Kreis können wir uns gegenseitig ermutigen. Wenn einer einen Durchhänger hat, richten wir ihn auf. Gemeinsam feiern wir Erfolge und verarbeiten Niederlagen. Die Motivationsforscher Jens-Uwe Martens und Julius Kuhl haben herausgefunden: Entscheidend für das Aufrechthalten der eigenen Motivation sind Menschen, die mich in schwierigen Situationen einfühlsam ermutigen.[44] Und schon der Prediger Salomo wusste: »So ist's ja besser zu zweien als allein; denn sie haben guten Lohn für ihre Mühe.

Fällt einer von ihnen, so hilft ihm sein Gesell auf. Weh dem, der allein ist, wenn er fällt! Dann ist kein anderer da, der ihm aufhilft« (Prediger 4,9).

Die Gemeinschaft stärkt auch unsere Willenskraft. Wir haben das bereits oben gesehen: Ein Entschluss, den ich vor anderen ausspreche, hat eine höhere Verbindlichkeit als etwas, was ich mir nur im Inneren vornehme. In unserem Hauskreis haben wir einmal über das Fasten gesprochen: Was das bringt, was da schwierig ist und so weiter. Am Ende fassten wir einen gemeinsamen Entschluss: In der kommenden Woche werden wir alle einen Fastentag machen und beim nächsten Treffen erzählen wir uns, wie es gewesen ist. Ohne diese ausdrückliche Festlegung vor den anderen hätte ich das mit dem Fastentag vielleicht am Ende doch nicht durchgezogen. Aber der gemeinsame Entschluss gab mir den nötigen Willensimpuls, den Hunger zu ertragen und das Fasten durchzuhalten.

Nutzen Sie die Kraft der Gruppe! Wenn Sie in irgendeinem Lebensbereich neue Wege gehen oder eine bestimmte Schwierigkeit, bei der Sie öfters gescheitert sind, überwinden wollen, dann nutzen Sie die Kraft der Gruppe! In der Gemeinschaft mit Gleichgesinnten wird das Verständnis vertieft, die Motivation erhöht, der Wille gestärkt und so die eigene Trägheit überwunden.

Die geistliche Unterstützung durch Gemeinschaft kann in unterschiedlichen Settings stattfinden. Eine in Gemeinden verbreitete und bewährte Form sind Hauskreise, manchmal gibt es auch kleine Männer- oder Frauengruppen oder Treffen für Menschen mit ähnlichen Lebenssituationen (Senioren, Studierende, Geschäftsleute, Menschen im Gesundheitswesen) oder mit bestimmten Herausforderungen wie Suchtproblemen. Von unseren guten Hauskreiserfahrungen habe ich ja bereits erzählt. In so einer überschaubaren Gruppe von fünf bis zehn Personen kann das Gespräch persönlich werden und zugleich viele unterschiedliche Perspektiven auf eine bestimmte Fragestellung bieten.

Es geht aber auch kleiner. Der Theologe Greg Ogden hält aus langjähriger Gemeindeerfahrung heraus Dreier- oder Vierergruppen für die optimale Form von geistlicher Unterstützung. In einer, wie er es nennt, »triad« oder »quad« kann das Gespräch noch intensiver und ehrlicher werden.[45] Man kann in so einem kleinen Kreis leichter die Maske fallen lassen, sich gegenseitig ermutigen oder behutsam Kritik üben. Eine kleinere Gruppe verringert natürlich die Vielfalt der Perspektiven und Erfahrungen und erfordert ein noch höheres Maß an Verbindlichkeit, doch sie steigert die Intensität.

Die kleinste Form der Gemeinschaft ist die Zweierschaft. Diesen Begriff hat der Schweizer Theologe Hans Bürki bereits in den 1950er-Jahren geprägt. Da verabreden sich zwei Menschen zu verbindlichen Treffen, in denen sie beten, die Bibel lesen, von ihrem alltäglichen Leben mit Gott erzählen und voreinander Rechenschaft ablegen.[46] Es ist so etwas wie eine geistliche Freundschaft, in der nicht nur die Sympathie, sondern auch ein gemeinsames Ziel zwei Menschen verbindet.

Einen anderen Charakter hat die Gemeinschaft in Form von Mentoring, geistlicher Begleitung oder einer seelsorgerlichen Beziehung.[47] Hier geht es nicht um gegenseitige geistliche Unterstützung, sondern eine Person, meist die erfahrenere, ist die gebende und eine die empfangende. Der Mentor, die Begleiterin oder Seelsorgerin stellt Fragen, hört zu, setzt Impulse und hilft so dem Mentee, auf seinem geistlichen Weg weiterzukommen. In diesem geschützten Raum können Menschen ihr Herz weit öffnen, Schuld benennen und Vergebung zugesprochen bekommen, eigenen Wunden und Macken auf die Spur kommen und behutsame Schritte zur Veränderung gehen.

Ich selbst habe seit vielen Jahren einen Mentor. Wir treffen uns nicht häufig, aber jedes Treffen ist für mich enorm wertvoll. Immer ist da viel Raum für mich zum Erzählen. Schon das ist eine Hilfe. Was will ich eigentlich erzählen? Ich muss im Vorfeld überlegen: Welche Themen sind gerade für mich wichtig? Wo will ich weiterkommen? So werde ich fokussiert und durch das Nachdenken und Auswählen in eine Art Bereitschaftsmodus gebracht. Wenn ich erzähle, fragt mein Mentor behutsam nach. Manchmal gibt er einen Kommentar, klärend, kritisch, tröstend, aber immer mit großem Wohlwollen. In den unterschiedlichsten Lebenssituationen habe ich erlebt, wie sich in so einem Gespräch ein Wollknäuel von Gedanken auflöst, ein Weg sichtbar wird, ein Entschluss reift oder mein wankender Wille gestärkt wird.

Ob in einer Zweierbeziehung oder in der Kleingruppe – der Austausch in einer Gemeinschaft kann eine enorme Hilfe für die Glaubensentwicklung sein. Dabei gilt: Je offener und ehrlicher wir in dieser Gemeinschaft sind, desto intensiver wird die Veränderungserfahrung sein. Soll die Gemeinschaft uns im Glauben weiterbringen und nicht nur fromme Plauderei sein, ist daher eine doppelte Entscheidung zu treffen. Zum einen muss ich den Entschluss fassen, mich – nach und nach – vor den anderen zu öffnen. Ich zeige ihnen nicht nur meine Schokoladenseite, sondern wer ich wirklich bin. Doch es braucht noch einen zweiten Schritt: Ich erlaube den anderen, in mein Leben hineinzusprechen. Wir sind ja in christlichen Kreisen meist höfliche Menschen. Kritische oder unangenehme Dinge behalten wir lieber für uns. Wenn Sie von Ihrem Zweierschaftspartner oder den Hauskreisleuten ein aufrichtiges Feedback bekommen wollen, müssen Sie ihnen die Erlaubnis dazu erteilen: »Bitte sagt mir ehr-

Ich erlaube den anderen, in mein Leben hineinzusprechen.

lich, was ihr von meiner Idee oder meiner Reaktion in einer bestimmten Situation haltet!«

So ein ehrlicher Umgang setzt allerdings voraus, dass in der Gruppe eine Atmosphäre der Wertschätzung, des Vertrauens und der Verschwiegenheit herrscht. Nur wenn ich die Gewissheit habe, dass die anderen mich auch dann annehmen werden, wenn sie meine dunklen Seiten sehen, kann ich wirklich mein Herz vor ihnen öffnen, ihre kritischen Worte hören und die transformierende Kraft der Gemeinschaft erleben.

Das kann beispielsweise so aussehen: Sarahs Hauskreis liest gerade den Epheserbrief: »Kein böses Wort soll über eure Lippen kommen. Vielmehr sollt ihr stets ein gutes Wort haben, um jemanden zu stärken, wenn es nötig ist« (Epheser 4,29; BAB). Eine Weile wird darüber diskutiert, wie das so ist mit Lästerei und übler Nachrede. Auf einmal schaut Iris Sarah an und bemerkt: »Hm, du kannst ja auch manchmal eine ganz schöne Tratschtante sein.« Sarah bleibt vor Schreck die Spucke weg. Innerlich bäumt sie sich gegen den Vorwurf auf: »Was fällt Iris nur ein! Sie ist doch meine Freundin. Was hat sie nur gegen mich?« Doch es war keine Gehässigkeit in Iris' Stimme zu hören, eher ein freundlicher, wohlmeinender Ton.

In der Nacht kann Sarah nicht einschlafen. Sie erlebt ein kontemplatives Wachliegen. Etliche Situationen steigen vor ihrem inneren Auge auf. Geschwätz bei der Kaffeepause im Büro, wo über eine abwesende Kollegin hergezogen wird. Geburtstagsfeiern, bei denen man sich auf Kosten anderer amüsiert. Und Sarah sieht sich selbst mittendrin, wie sie andere in ein schlechtes Licht rückt, um selbst besser dazustehen, wie sie witzelt über die Fehler von Menschen, wie sie diskrete Dinge über Bekannte ausplaudert, wie sie übertreibt und die Wahrheit verzerrt. Sie ist zutiefst beschämt. Und sie fasst in dieser Nacht einen Vorsatz: »Ich will keine Tratschtante mehr sein. Wenn morgen bei der Kaffeepause im Büro wieder über andere gelästert wird, halte ich mich raus. Und wenn in der Geburtstagsrunde am Samstag über andere gelacht wird, will ich nicht mitmachen. Ich will Gutes über andere sagen und nichts Gehässiges.«

Am nächsten Tag schreibt Sarah den Satz aus Epheser 4,29 auf einen Zettel und klebt ihn neben den Badezimmerspiegel. Außerdem ruft sie Iris an und erzählt ihr von ihrem Vorhaben. »Könntest du mir helfen, das auch umzusetzen? Wenn du merkst, wie ich wieder mit dem Tratschen anfange, gib mir doch bitte einen deutlichen Hinweis!« Iris verspricht ihr, sie bei diesem Vorhaben zu unterstützen. Und so – getragen von der Kraft der Gemeinschaft – beginnt für Sarah ein Veränderungsweg, der es in sich hat.

Sie nimmt sich den Bibelvers aus dem Epheserbrief zum Vorbild – und genau darum geht es beim fünften Pfad der Veränderung.

IMPULSE ZUR REFLEXION ODER ZUM AUSTAUSCH

▶ Schätzen Sie sich selbst ein: Sind Sie eher ein Gemeinschaftsmensch oder eher ein Solist? Brauchen Sie für Erholung und Inspiration Geselligkeit oder Zeit für sich allein?

▶ Wo haben Sie die Kraft der Gemeinschaft bisher am stärksten erlebt? Wie haben Sie diese Kraft erfahren?

▶ Haben Sie eine Gruppe oder einzelne Menschen, mit denen Sie sich regelmäßig über Fragen des Glaubens und des Lebens austauschen?

▶ Was könnten Sie dazu beitragen, dass Sie dort die Kraft der Gemeinschaft noch stärker erfahren?

▶ Wenn Sie eine Unterstützergruppe für einen geistlichen Veränderungsprozess suchen würden, welche Personen würden Sie anfragen?

5

DER PFAD DER IMITATION – AN VORBILDERN LERNEN

Ein Gramm gutes Beispiel gilt mehr als ein Zentner Worte.
Franz von Sales

Erinnern Sie sich noch, wie Sie Tanzen gelernt haben? (Falls Sie mit Tanzen nichts anfangen können, denken Sie einfach an einen tanzbegeisterten Mitmenschen.) Vielleicht war es im Tanzkurs während der Schulzeit, vielleicht bei einer späteren Gelegenheit. Wer immer Ihnen das Tanzen beigebracht hat – er hat Ihnen ganz sicher kein Buch in die Hand gedrückt und gesagt: »Lesen Sie das erste Kapitel. Da wird die Schrittfolge beim Walzer beschrieben. Prägen Sie sich die Schritte genau ein, wir schreiben nächste Woche einen Test darüber.«

Vermutlich gab es gar kein Buch und nur wenig Theorie. Stattdessen war da ein Tanzlehrer-Paar, das Ihnen etwas vorführte. Ein Walzer wurde gespielt und alle sahen, wie sich das Paar im

Rhythmus der Musik bewegte. Sie beobachteten die Schrittfolge der beiden genau und nahmen die Bewegungen in sich auf. Und dann machten Sie es mit Ihrem Tanzpartner nach. Erst staksig und unsicher, doch allmählich fanden die Beine in den Rhythmus hinein, die Bewegungen wurden flüssiger und auf einmal tanzten Sie Walzer und hatten sogar Spaß dabei.

Mit dem Christsein ist es wie mit dem Tanzen. Wenn Sie einmal zurückdenken, was Ihr Christenleben am stärksten geprägt hat, so waren es vermutlich nicht Bücher oder Vorträge, sondern leibhaftige Menschen, die Ihnen etwas vorgelebt haben: Eltern, Jugendkreisleiter, eine Pfarrerin oder ein guter Freund. An ihnen konnten Sie sehen, wie praktisches Christenleben gestaltet werden kann. Es waren Menschen, die Ihnen ein Modell gegeben haben, das Sie imitieren konnten.

Mit dem Christsein ist es wie mit dem Tanzen.

Auf diese Weise prägt auch Jesus seine Jünger. Er ruft sie in seine Nachfolge, damit sie in seiner Nähe sind und ihn beobachten. Er gibt ihnen ein Modell, das sie nachahmen können. Ausdrücklich tut er das am Abend vor seiner Verhaftung. Nach dem Abendessen steht Jesus auf, legt sein Gewand ab und bindet sich eine Schürze um. Dann fängt er an, seinen Jüngern die Füße zu waschen, so wie es damals Sklaven für ihre Herren tun. Die Jünger sind sprachlos vor Staunen (bis auf Simon Petrus, der ja immer einen Kommentar auf Lager hat). Es ist eine Erfahrung, die sie ihr Leben lang nicht vergessen werden. Jesus selbst unterstreicht, dass diese Aktion Modellcharakter hat: »Ein Beispiel habe ich euch gegeben, damit ihr tut, wie ich euch getan habe« (Johannes 13,15). Jesus weiß: Wir Menschen lernen am besten durch Anschauung und Nachahmung.

Der Apostel Paulus teilt diese Überzeugung. Er hält seinen Gemeinden nicht nur theologische Vorträge, sondern stellt sich selbst als Modell dar, das sie nachahmen sollen. So fordert er die

Christen in Korinth auf: »Folgt meinem Beispiel wie ich dem Beispiel Christi!« (1. Korinther 11,1).[48] Wörtlich heißt es: »Werdet meine Nachahmer wie auch ich Christi (Nachahmer bin).« Das griechische Wort für Nachahmer ist »mimetes«. Dieser Begriff spielt bei Platon und Aristoteles eine zentrale Rolle. Die beiden großen Philosophen waren überzeugt, dass Menschen in besonderer Weise zur Nachahmung befähigt sind und dass die Nachahmung, die Mimesis, die wichtigste Art des Lernens ist.[49] Was der Apostel und die antiken Philosophen wussten, ist auch heute in der Lernpsychologie Konsens: Wir Menschen lernen nicht primär durch abstrakte Informationen, sondern durch lebendige Anschauung und Imitation.

Der renommierte Psychologe Albert Bandura prägte bereits in den 1960er-Jahren den Begriff des »Modell-Lernens«. Damals stand bei den Lernpsychologen der Behaviorismus hoch im Kurs, die Vorstellung also, dass alles Lernen durch ein Reiz-Reaktions-Schema zu erklären sei. Bandura war dagegen überzeugt, dass es Lernvorgänge gibt, die sich nicht mit Reiz und Reaktion erklären lassen, sondern die durch Beobachtung und Nachahmung geschehen: das Lernen an einem Modell.[50]

Wir lernen nicht durch abstrakte Informationen, sondern durch lebendige Anschauung.

Das gilt ganz besonders für die frühe Kindheit. Die Mutter lächelt das Baby an und es lächelt zurück. Das Krabbelkind sieht die Eltern auf den Beinen laufen und stellt sich ebenfalls auf seine Füße. Das Kind sieht den größeren Bruder Hausaufgaben machen und fängt an, auf einem Blatt Kringel zu malen.

Dieses mimetische Lernen ist jedoch nicht auf die ersten Lebensjahre beschränkt. Es bleibt ein wesentlicher Lernweg, vor allem da, wo es um das Erlernen von neuem Verhalten geht. Wir haben es schon beim Tanzen gesehen. Niemand lernt Tango durch gedruckte Anleitungen, sondern durch lebendige Menschen, die ihn uns vortanzen. An ihrem Beispiel erkennen wir hochkomplexe Bewegungsabläufe und Dynamiken, die wir unmöglich rein theoretisch vermitteln könnten. Dasselbe gilt für Skifahren, Kuchenbacken und Tapezieren: Komplexe Handlungen lernen wir am besten durch Anschauung und Imitation. Nicht umsonst boomen Do-it-yourself-Videos und man findet zu fast allem ein Erklärvideo im Internet, von Basteln und Heimwerken über Obstbaumschnitt und Haustierpflege bis hin zu Schlagtechniken für die Gitarre und Trommelrhythmen.

Beim christlichen Glauben geht es um eine Lebensweise, die das ganze Dasein in allen Bereichen und mit vielen komplexen Verhaltensmustern umfasst. Wir lernen sie nicht durch theoretische Beschreibungen, sondern indem wir andere, reifere Christen anschauen. An ihnen sehen wir, wie man beten kann und in der Bibel forscht, wie man mit anderen Menschen über den Glauben ins Gespräch kommt oder Mitgefühl ausdrückt, wie man mit Geld umgeht oder die Schöpfung pflegt. Und dann ahmen wir ihr Vorbild nach. Das gilt ganz besonders für die ersten Schritte, die wir im Glauben gehen, aber ebenso für alle neuen Stufen, die wir betreten.

Dabei gibt es zwei Dinge zu beachten. Nachahmung ist kein Kopieren, sondern eine »Anähnlichung«[51], wie der Erziehungswissenschaftler Christoph Wulf formuliert. Das angeschaute Verhalten des Vorbilds wird ins eigene Leben inkorporiert und dabei modifiziert. Es erhält meine persönliche Prägung. Ein guter Schüler tanzt nie exakt so wie sein Vorbild, sondern bildet seinen eigenen Stil aus. Auch im geistlichen Leben geht es nicht darum, andere zu kopieren. Vielmehr soll ihr Beispiel durch unsere Persönlichkeit hindurchgehen und eine eigene Ausprägung bekommen.

Außerdem gibt es keine perfekten Vorbilder im geistlichen Leben. Selbst Paulus war fehlerhaft und wusste es. Wenn er sagt:

»Nehmt mich zum Vorbild, wie ich Christus zum Vorbild nehme!«, dann kann man das »wie« auch als ein »in dem Maße wie« verstehen. Jesus ist das Urbild, an dem alle menschlichen Vorbilder zu messen sind. Imitation bedarf daher der kritischen Reflexion: Entspricht das, was mein Vorbild da vorlebt, tatsächlich dem Wirken und dem Geist von Jesus?

Ohne so eine kritische Reflexion kann die Imitation fatale Folgen haben. Junge Christen können ihr geistliches Vorbild zum Idol machen, dem sie blind vertrauen und das sie in den Himmel heben. Umso größer ist die Enttäuschung, wenn sie merken, dass ihr Modell auch nur ein Mensch ist, der Macken hat und Fehler macht. Ich kenne eine ganze Reihe von Leuten, die sich von Glauben und Gemeinde abgewandt haben, weil sie erlebt haben, dass ihr Pastor oder eine hauptamtliche Mitarbeiterin sich in einer bestimmten Situation unchristlich verhalten haben. Hier wurde das Vorbild so stark mit Gott selbst identifiziert, dass eine Enttäuschung bei Menschen zur Abkehr von Gott führte.

Der Pfad der Imitation hat Grenzen und Gefahren, doch für einen Veränderungsprozess ist er von unschätzbarem Wert. Das weiß ich von vielen Lebensgeschichten und aus eigener Erfahrung. Ich hatte als Sechzehnjähriger die Entscheidung getroffen, Jesus nachzufolgen. Eine wichtige Rolle spielte dabei eine Familie, die bei uns im Ort lebte und deren Kinder in meine Schule gingen. In dieser Familie lernte ich, wie ein Leben in der Jüngerschaft bei Jesus aussehen kann. Ich war oft bei ihnen zu Besuch. Das Haus stand Gästen immer offen. Es wurde viel geredet, gegessen und gemeinsam abgewaschen. Ich konnte beobachten, wie sie sich verhielten, wie sie mit mir und miteinander umgingen, wie sie beteten und planten, wie sie Obdachlose an der Tür behandelten

Für einen Veränderungsprozess ist der Pfad der Imitation von unschätzbarem Wert.

und über die Nachbarn sprachen und wie in allem Gott die Mitte war. Dabei waren sie alles andere als perfekt. Vier pubertierende Kinder, ein cholerischer Vater, ständig Gäste, ein großes Haus, das dauernd Arbeit machte – es gab häufig Spannungen und Streit. Doch die Liebe zu Gott und der Wunsch, ihm zu dienen, waren echt. Das spürte man. Und so, mit unverhüllten Fehlern und echter Liebe, haben sie mir ein anschauliches Modell von christlichem Leben gegeben, für das ich zutiefst dankbar bin.

Wenn wir im Glauben weiterkommen wollen, dann brauchen wir Vorbilder, die uns ein Modell geben, an denen wir ein neues Verhalten sehen und die wir – kritisch-reflektiert – imitieren können. Doch wie finden wir Vorbilder?

Wir erleben die anderen in einer kirchlichen Blase, aber wie sieht ihr Verhalten am Montag aus?

Bestimmt gibt es Menschen in Ihrer Gemeinde, die Ihnen ein Vorbild sein können. Unsere klassischen Gemeindestrukturen sind allerdings nicht auf Modelllernen ausgerichtet. Dafür bräuchte man Formen gemeinsamen Lebens, wie Jesus sie mit seinen Jüngern praktizierte und wie sie heute in Kommunitäten, Klöstern oder christlichen Lebensgemeinschaften gelebt werden. Im geteilten Leben kann man sich gegenseitig wahrnehmen und der Glaube wird im Alltag sichtbar.

Unsere Gemeinden, ob evangelisch, katholisch oder freikirchlich, sind dagegen in aller Regel keine Orte gemeinsamen Lebens, sondern Veranstaltungsorte. Wir teilen nicht das Leben, sondern Termine. Wir treffen uns zu Gottesdiensten, Seminaren und Sitzungen, vielleicht auch noch beim Kirchenkaffee. Da sehen wir die anderen, die uns ein Vorbild sein könnten, in einem sehr kleinen Ausschnitt der Lebenswirklichkeit. Wir erleben sie in einer kirchlichen Blase. Aber wie sieht ihr Verhalten am Montag aus? Wie sieht es aus im Büro oder mit der Familie beim Abendessen, vor dem Computer oder beim Sport? Der christliche Glaube betrifft schließlich das ganze Leben in allen Bereichen.

Hier liegt ein gravierendes Defizit in unseren üblichen Gemeindestrukturen vor, das Vorbildgebung und Imitation erschwert. Wenn unsere Gemeinden Orte werden sollen, wo man miteinander und voneinander lernt, dann wird sich in der Gestaltung unseres Gemeindelebens etwas ändern müssen. Treffend formuliert Peter Zimmerling: »In der Kirche der Zukunft werden die Gemeindeglieder nicht nur gemeinsam den Gottesdienst besuchen, sondern wieder mehr das Leben teilen.«[52]

Der Umbau einer Gemeinde zu einer großen Kommunität wäre, was das Modelllernen angeht, natürlich ideal, scheint vorläufig aber unrealistisch zu sein. Doch auch in unseren normalen Gemeindekontexten können wir kleine Formen des Leben-Teilens realisieren.

Hauskreise etwa können so ein Ort sein. Hier können wir uns von unserem Alltagsleben erzählen, aber auch miteinander aktiv werden und handeln: einen Ausflug machen, bei einem Umzug anpacken, einen Kranken besuchen, bei der »Tafel« mithelfen oder im Park den Plastikmüll einsammeln. Im gemeinsamen Handeln erleben wir ganz neue Seiten aneinander und können so einander zum Vorbild werden.

Auf Gemeindefreizeiten lässt sich ebenfalls ein Stück gemeinsames Leben realisieren. Vom Frühstück bis zum späten Abend sind wir da beisammen, erleben miteinander Bibelgespräch und Fußballgebolze, herrliche Natur und verregnete Wanderungen, Familienstress und Singledasein, Harmonie und Streitigkeiten. Wenn Freizeiten auch nicht wirklich Alltag sind, so sind sie doch für Modelllernen eine enorme Chance. Hier wird intensiv das Leben geteilt und so Nachahmung ermöglicht.

Es ist ein großer Segen, wenn es in Ihrer Gemeinde offene Häuser gibt. Wenn, wie ich es als Jugendlicher erlebt habe, Christen ihre Wohnungen öffnen und andere an ihrem Alltagsleben teilnehmen lassen. Da können wir miteinander kochen und essen, spülen und spielen, den Ehe-Zank miterleben und Erziehungsprobleme, Lachen und Zärtlichkeit. Das alles hat Modellcharakter, besonders dann, wenn spürbar wird, dass in dem allen Gott dabei ist als der unsichtbare Mittelpunkt und Geber aller Gaben.

Noch intensiver wird das Ganze, wenn es in einer Gemeinde Wohngemeinschaften gibt. Bischof Eusebius sagte einmal: »Wenn du willst, dass ein Mensch Christ wird, dann nimm ihn ein Jahr in dein Haus!« Der Kirchenvater hatte offenbar ein großes Zutrauen zur Wirkung von christlichen Wohngemeinschaften. Und das zu Recht! Nichts färbt so stark ab wie der geteilte Lebensalltag. Der Pastor einer sehr lebendigen Gemeinde in Vancouver erzählte mir, dass es in seiner Gemeinde mehrere Wohngemeinschaften gibt. Ältere Christen haben sich bewusst entschieden, andere Menschen in ihre Wohnungen aufzunehmen: Menschen in Not, junge Christen, Suchende. Sie teilen den Glauben und das Leben in einer ganz praktischen Weise. »Nichts«, sagte dieser Pastor, »verändert die Menschen in unserer Gemeinde so stark wie diese Wohngemeinschaften.«

Nichts färbt so stark ab wie der geteilte Lebensalltag.

Wenn Sie den Wunsch haben, vom Vorbild anderer Christen zu lernen, dann werden Sie auch in Ihrer Gemeinde die Möglichkeit dazu haben. Nutzen Sie die Chancen auf geteiltes Leben, wie sie oben aufgezählt sind! Und halten Sie Ausschau nach Menschen, die Ihnen in irgendeinem Bereich der Jüngerschaft ein Modell sein können! Warten Sie nicht auf den perfekten Christen (den es ohnehin nicht gibt), sondern achten Sie auf Echtheit und Leidenschaft.

Nehmen wir zum Beispiel an, Sie haben den Wunsch, Ihre Praxis des Bibellesens zu vertiefen. Vielleicht kommen Sie nur ganz sporadisch zum Lesen in der Schrift, und was Sie da lesen, spricht

Sie wenig an. Sie sehnen sich aber danach, Gottes Stimme in der Bibel zu hören und daraus Kraft für Ihren Alltag zu schöpfen. Dann schauen Sie sich doch einmal in Ihrer Gemeinde um. Vielleicht gibt es da jemanden, der regelmäßig und mit Gewinn in der Bibel liest. Sie könnten diese Person ansprechen und fragen: »Wäre es möglich, dass wir uns einmal in der Woche zum gemeinsamen Lesen in der Bibel treffen?«

Oder angenommen, Sie möchten lernen, Ihre Sorgen an Gott abzugeben und loszuwerden. Dann suchen Sie doch nach einer Person, von der Sie den Eindruck haben, dass sie ein tiefes Gottvertrauen hat. Vielleicht können Sie sich für eine Zeit mit ihr zum gemeinsamen Gebet und Sorgen-Abgeben treffen.

Möglicherweise wird aus solchen Treffen eine Mentoringbeziehung oder es entsteht eine geistliche Freundschaft. Vielleicht kann diese Person ja in anderen Bereichen des Lebens auch von Ihnen etwas lernen, sodass es ein Geben und Nehmen wird. Vorbilder im Glauben sind ein Geschenk Gottes, und es wird sich ganz gewiss lohnen, wenn Sie sich auf die Suche nach ihnen machen.

Dabei gehen wir leibhaftige Schritte – und dies ist der sechste Pfad der Veränderung.

IMPULSE ZUR REFLEXION
ODER ZUM AUSTAUSCH

- ▶ Welche Personen sind für Sie in der Vergangenheit Vorbilder im Glauben gewesen? Was genau haben sie Ihnen vorgelebt?
- ▶ Wer ist heute für Sie ein geistliches Vorbild? Warum?
- ▶ Haben Sie Kontakt zu dieser Person oder könnten Sie Kontakt aufnehmen, um mehr von ihr zu lernen?
- ▶ Sind Sie einmal von einem Menschen, der Ihnen ein Vorbild war, enttäuscht worden? Wie sind Sie damit umgegangen?
- ▶ Welchen Menschen sind Sie selbst möglicherweise ein Vorbild?

6

DER PFAD DES HANDELNS – LEIBHAFTIGE SCHRITTE GEHEN

Leiblichkeit ist das Ende aller Wege Gottes.

Friedrich Christoph Oetinger

Ein Freund aus unserem alten Jugendkreis hatte geheiratet. Als das erste Kind zur Welt kam, stellte sich heraus, dass es an einer spastischen Lähmung leidet. Sofort wurde mit einer speziellen Physiotherapie begonnen. Bei einem Besuch erzählte mein Freund, wie die Therapie funktioniert. Die Physiotherapeutin bewegt die Arme und Beine des Kindes in einer Weise, wie es sie von sich aus nicht bewegen kann. Durch diese regelmäßigen Bewegungen entstehen im Gehirn neue Synapsen. Und diese neuen Synapsen ermöglichen dem Kind wiederum neue Beweglichkeit. Das Gehirn »lernt« also von den Bewegungen des Körpers.

Damals begriff ich zum ersten Mal, dass das Verhältnis zwischen Geist und Leib keine Einbahnstraße ist, indem der Geist

Befehle erteilt, die der Leib ausführt. Vielmehr gibt es ein Wechselspiel. Das Gehirn wirkt auf den Körper ein, aber der Körper auch auf das Gehirn.

Die aktuellen Erkenntnisse der Neurowissenschaften bestätigen dies. Wie bereits beschrieben lässt sich schon nach einigen Tagen Gitarrenspiel eine Vergrößerung der zuständigen Gehirnregion feststellen.[53] Es entstehen neue Synapsen, die unsere Feinmotorik in den Fingern verbessern, sodass das Greifen und Zupfen, das erst so unbeholfen ist, immer flüssiger wird. Alles, was der Körper tut, wirkt sich auf das Gehirn aus. Der Geist lernt von dem, was der Leib tut.

Das gilt nicht nur für unsere Fertigkeiten. Was wir mit dem Körper tun, hat Auswirkungen auf unsere Gedanken und Gefühle. Sie kennen vielleicht das »Lach-Experiment«: Wer lacht, obwohl ihm gar nicht nach Lachen zumute ist, dessen Stimmung hellt sich messbar auf. Die Aktivierung der Muskeln, die für das Lachen zuständig sind, macht uns tatsächlich heiter. Auch die Haltung unseres Körpers wirkt sich auf den inneren Zustand aus. In Experimenten wurde nachgewiesen, dass Menschen, die aufrecht sitzen, selbstbewusster und leistungsfähiger sind als Personen, die in sich gekrümmt auf dem Stuhl hocken.[54]

Der Körper ist der Sparringspartner unseres Geistes. Leib und Seele interagieren. Unser Körper ist eben nicht der träge Esel, den wir mit dem Stock des Willens antreiben müssen (obwohl er das manchmal auch ist), sondern er ist der Sparringspartner unseres Geistes. Geist und Leib trainieren sich gegenseitig, fordern und fördern sich im Wechselspiel. Das gilt für künstlerische Fähigkeiten, für unsere Gefühle und ebenso für die Ausbildung unseres Charakters.

Im schon erwähnten Zürcher Ressourcen Modell macht man sich diese Entdeckung zunutze, um Veränderungsprozesse zu fördern. »Embodiment« heißt das Zauberwort. Es geht darum, geistige Ziele »einzukörpern«, sie also mit dem Körper und mit physischen Handlungen zu verknüpfen. Wer zum Beispiel selbstbewusster auftreten will, kann das einüben, indem er so häufig wie möglich bewusst eine aufrechte Körperhaltung einnimmt.

Wenn Sie Ihre Seele für Gott öffnen möchten, hilft Ihnen eine offene Körperhaltung. Sie können Ihre Hände wie eine leere Schale Gott hinhalten oder Ihre Arme Gott weit entgegenstrecken. So werden Sie empfänglicher für Gott sein, als wenn Sie mit verschränkten Armen im Sessel liegen.

Wer großzügiger mit seinem Geld umgehen will, der könnte jeden Morgen vor Gott sein Portemonnaie auskippen oder ihm die Bankkarte hinhalten und sagen: »Alles gehört dir!«

Vor etlichen Jahren musste ich eine heftige Enttäuschung verarbeiten, ein Traum war geplatzt. Ich fuhr damals in das Kloster Maria Laach, hatte ein Gespräch mit dem Abt und schrieb mir meinen Frust von der Seele. Auf einem großen Blatt Papier notierte ich, was ich mir erträumt hatte, und den Schmerz, den ich jetzt empfand. Dann ging ich mit dem Papier an den Laacher See, bastelte ein Schiff daraus und ließ es auf dem See davontreiben. Dieses äußere, physische Loslassen war eine wichtige Hilfe, um mich innerlich zu lösen.

Jesus wusste um die Bedeutung des Leibes für innere Prozesse. Einmal schickte er seine Jünger auf Missionstour. Sie sollten in den umliegenden Dörfern vom Reich Gottes erzählen. Dabei wies er sie an: »Wenn euch ein Dorf nicht aufnimmt, dann schüttelt den Staub von euren Füßen und geht in das nächste« (Matthäus 10,14). Man kann dieses Staubabschütteln als ein Gerichtszeichen deuten. So eine »Schüttelübung« hat aber zugleich einen therapeutischen Effekt. Wenn Menschen uns abweisen, löst das bei uns Ärger und Frustration aus. Das setzt sich leicht in der Seele fest. Das äußere Abschütteln half den Jüngern, nicht nur den Staub dieses Dorfes zurückzulassen, sondern auch ihre dunklen Gefühle.

Wenn Sie in einem bestimmten Bereich Ihres Lebens etwas verändern wollen, dann setzen Sie doch Ihren Körper als Sparringspartner ein! Mit welcher körperlichen Haltung oder Handlung könnten Sie das, was Sie innerlich wollen, ausdrücken?

Der Körper kann unser Assistent sein, um innere Prozesse zu befördern. Die Körperlichkeit hat aber auch eine noch grundlegendere Bedeutung für den Glauben. Wir sind von Gott als leibliche Wesen geschaffen. Unser Leib ist kein Anhängsel der Seele, sondern gehört wesentlich zu uns. Darum haben alle Veränderungsprozesse immer eine leibliche Dimension. Wirkliche Veränderung erfolgt erst da, wo aus Einsichten und Absichten leibhaftiges Handeln wird. Nur in Taten wird unser Charakter geformt.

Nur in Taten wird unser Charakter geformt.

William James, der große amerikanische Psychologe, der an der Wende vom 19. zum 20. Jahrhundert in Harvard lehrte, schrieb dazu:

> Ganz egal welch großes Reservoir an guten Vorsätzen und gutem Willen jemand besitzt, so lange er nicht jede Möglichkeit zum Handeln nutzt, wird sein Charakter vollkommen unberührt bleiben und sich nicht zum Guten ändern.[55]

Geistliche Veränderungsprozesse geschehen auf dieselbe Weise. Paulus schreibt, dass unser Leib der Tempel des Heiligen Geistes ist (1. Korinther 6,19). Gottes Geist wohnt und wirkt in uns, in unserem Körper. Er legt in uns Potenziale frei, eröffnet neue Verhaltensmöglichkeiten, neue Gedanken, neue Worte und Taten, die nun aber im leiblichen Handeln ausprobiert, eingeübt und angeeignet werden müssen.

Beten zum Beispiel lernen wir nicht durch theoretisches Nachdenken – so wichtig das ist –, sondern indem wir es ausprobieren, indem wir mit allen Zweifeln und offenen Fragen den Mund öffnen und Gott ansprechen. Barmherzig werden wir nicht, indem wir Bücher darüber lesen oder barmherzige Gefühle in uns kultivieren, sondern indem wir mit unseren Füßen an Orte gehen, wo Not ist, und mit unseren Händen Gutes tun, Wunden pflegen, Essen reichen oder Rollstühle schieben. Ebenso lernen wir Großzügigkeit und Freundlichkeit, Vergeben und Versöhnen, indem wir es tun.

Darum betont Jesus die Tat. Der reiche Jüngling sollte sich nicht nur innerlich von seinem Besitz verabschieden, sondern ihn real verkaufen. Menschen sollten leibhaftig vom Zollhaus aufstehen, Brote teilen, Kranke berühren und den Fuß aufs Wasser setzen. Klug ist nach Jesus nicht der Mensch, der viel über seine Worte nachdenkt, sondern der die Worte von Jesus tut (Matthäus 7,24). Der Theologe Karl Barth hat Tausende von Seiten über die christliche Dogmatik geschrieben und war ein Meister der theologischen Reflexion. Doch gegenüber einer Christlichkeit, die bloß theoretisiert, formuliert er ziemlich bissig:

(Christus ruft den Menschen) heraus aus dem Gehäuse einer bloß innerlichen, seelischen, geistigen Bewegung, in der er faktisch noch nichts tut, sondern nur eben maikäfert in tatloser Dialektik, in lauter Erwägungen und Projekten im Blick auf dies oder jenes, was er wohl tun könnte und auch wohl möchte, nur eben vorläufig doch noch nicht tun kann und will, weil er in seiner Besinnung darüber und über die Situation, in der es zu tun wäre, noch nicht so weit ist.[56]

Erst in der leibhaften Tat wird der Glaube konkret. Erst im Tun wird er real. Ob wir Christus wirklich vertrauen, das merken wir erst, wenn wir im Vertrauen konkrete Schritte gehen. Zugespitzt formuliert es Dallas Willard:

Wir glauben etwas nicht einfach, indem wir sagen, dass wir es glauben oder wenn wir glauben, dass wir es glauben. Wir glauben etwas, wenn wir so handeln, als ob es wahr wäre.[57]

So macht es Simon Petrus nach einer langen, unerfreulichen Nacht auf dem See Genezareth. Stundenlang haben er und seine Kollegen ihre Netze ausgeworfen und doch nichts gefangen. Nun sitzen sie übermüdet am Ufer des Sees und säubern die Netze. Da kommt Jesus vorbei. Er hält eine längere Rede an das Volk und sagt dann zu Simon: »Fahre noch einmal raus auf den See und wirf das Netz aus!« Simon, der als erfahrener Fischer weiß, dass man tagsüber kaum Fische fangen kann, steht nun vor einer Entscheidung: Jesus vertrauen und entsprechend handeln oder nicht vertrauen und am Ufer bleiben? Ihm vertrauen und zugleich sitzen bleiben ist nicht möglich. Petrus wagt den Vertrauensschritt, fährt noch einmal hinaus und macht einen riesigen Fang, der zugleich einen riesigen Schub für seinen Glauben bedeutet (vgl. Lukas 5,1-6).

Erst im Tun wird der Glaube real.

In seinem Buch über Nachfolge hat Dietrich Bonhoeffer den Zusammenhang zwischen Glauben und Handeln auf eine paradoxe Formulierung gebracht: »Nur der Glaubende ist gehorsam, und nur der Gehorsame glaubt.«[58] Ein Gehorsam gegen Gott, der nicht aus Vertrauen erwächst, ist kein echter Gehorsam. Doch ein Glaube, der nicht zu konkreten Taten führt, ist auch nicht echt.

In der evangelischen Kirche sind wir zurückhaltend gegenüber einer zu starken Betonung der Taten und Werke. Und das zu Recht: Unsere Werke können uns nie vor Gott gerecht machen. Sie sind für unsere Rechtfertigung ohne Relevanz. Nicht für Gott sind unsere Taten wichtig. Aber für uns sind sie es, weil unser Glaube in ihnen Gestalt gewinnt. Der Glaube an Jesus ist eine Herzenssache. Er wohnt im Inneren, doch er bleibt nicht innerlich. Wie unser Herz das Blut in den ganzen Körper pumpt, so wird der Glaube vom Herzen aus ins ganze Leben »gepumpt«, bis in die Zehen und Fingerspitzen, bis in unser alltägliches Tun. Von innen fließt es nach außen.

Wie wir gesehen haben, gibt es jedoch eine Wechselwirkung zwischen Leib und Geist. Der Glaube drückt sich in Taten aus, und unser Handeln hat wiederum Auswirkungen auf den Glauben. Die konkreten Schritte, die wir aus dem Glauben heraus gehen, stärken unser Vertrauen, selbst wenn wir sie zaghaft tun. Und beim nächsten Mal werden wir sie **Im Handeln wird der Glaube ausgeübt und eingeübt.** mutiger tun können. Im Handeln wird der Glaube ausgeübt und eingeübt. Auf diesen Zusammenhang hat schon Martin Luther hingewiesen. In seiner Schrift »Von den guten Werken« schreibt der Reformator, der Glaube »wächst und kommt zu sich selbst und stärkt also sich selbst durch die Werke. Und also geht er aus in die Werke und kommt wieder durch die Werke zu sich selbst.«[59]

An dieser Stelle ist Luther übrigens gar nicht so fern von dem von ihm gescholtenen Jakobus, der schreibt: »Zeige mir deinen Glauben ohne die Werke, so will ich dir meinen Glauben zeigen aus meinen Werken« (Jakobus 2,18).

Im konkreten, körperlichen Tun gewinnt der Glaube Gestalt und der Charakter wird geformt. Das gilt für alle Bereiche des christlichen Lebens. Als ich in Tübingen Theologie studiert habe, habe ich in der SMD (Studentenmission Deutschland) mitgearbeitet. Wir waren eine große Gruppe, die zu zwei Dritteln aus Theologiestudierenden bestand. Es gab bei unseren Treffen viele Diskussionen und tiefe Einsichten zum Thema Mission. Wir konnten uns gegenseitig beeindruckende Argumente für den Glauben erzählen. In der Theorie waren wir super. Die missionarische Praxis war dagegen kümmerlich. Es war so schön, einfach nur als Gruppe zusammenzusitzen und zu diskutieren. Wir blieben unter uns. Doch einige von uns wollten mehr. Wir beschlossen, einmal in der Woche abends in die Mensa zu gehen. Dort wollten wir uns mit unserem Essen zu Menschen setzen, die allein am Tisch saßen, und versuchen, Kontakt aufzunehmen.

Wenn man Theologie studiert, ist es nicht schwierig, über das Studienfach auf das Thema Glaube zu sprechen zu kommen. Eigentlich war alles ganz einfach – in der Theorie. Doch als ich dann wirklich mit meinem Tablett auf einen mir völlig unbekannten Studenten zugehen und ein Gespräch anfangen wollte, kostete es mich eine ziemliche Überwindung. Hier war genau der Punkt erreicht, wo der Glaube zur Tat, die Überzeugung zur Handlung wurde.

Natürlich war das ganze Unterfangen ziemlich plump und nicht immer waren die Leute in der Mensa von unseren Kontaktversuchen beglückt. Aber mit der Zeit lernten wir, wie man ins Gespräch kommt, ohne dass es für den anderen unangenehm wird, und allmählich ließ die Furcht nach. Entscheidend war, dass wir erst einmal die eigene Trägheit und Angst überwunden und es einfach probiert haben, real und physisch. Diese Tat hat uns verändert, hat neue Glaubenserfahrungen ermöglicht und Lernvorgänge vorangebracht.

Wir haben es einfach probiert, real und physisch.

Aus dem Glauben erwachsen neue Taten und die neuen Taten stärken den Glauben. Der anglikanische Theologe David Heywood hat aus dieser Erkenntnis heraus ein inspirierendes Modell für geistliche Transformationsprozesse entwickelt. In seinem Buch »Kingdom Learning« stellt er einen »learning circle« vor, einen Kreislauf des Lernens, der aus einem ständigen Wechsel von »action« und »reflection« besteht, von Aktion und Reflexion.[60]

Kommt beispielsweise eine Gruppe von Christen nach diesem Modell zusammen, um miteinander die Bibel zu lesen, dann versuchen sie, in den kommenden Tagen praktisch umzusetzen, was sie dort entdecken. Beim nächsten Mal wird der Prozess reflektiert. Die eigenen Praxiserfahrungen werden anhand der Bibel durchdacht und diskutiert. Daraus entstehen neue Impulse für neues Handeln. Dieser Kreislauf von Aktion und Reflexion in einer verbindlichen Gemeinschaft ist nach Heywood der effektivste Weg für geistliche Lernprozesse. Nach seiner Überzeugung hat Jesus selbst genau auf diese Art seine Jünger geformt: Bei ihm gab es einen stetigen Wechsel von formaler Unterweisung und gemeinsamen Erfahrungen und Aktionen, die reflektiert wurden.[61]

Aus Einsichten werden Absichten und aus Absichten werden Handlungen, in denen wir ein neues Verhalten ausprobieren. Wenn Sie Ihr Leben von Christus verändern lassen wollen, dann kommt es also letzten Endes darauf an, das angestrebte Verhalten auf ein konkretes Tun herunterzubrechen. Was können Sie praktisch machen? Was könnten Sie üben? Wie könnte ein erster Schritt dahin aussehen? Und wie der nächste? Manchmal ist ein allererster Schritt ein Telefonat oder ein Eintrag in den Terminkalender, eine Recherche im Internet, eine Fahrt an einen bestimmten Ort oder dass wir den Wecker anders stellen. Wenn Sie keine rechte Idee haben, wie in Ihrer Situation praktische Schritte aussehen könnten, dann erzählen Sie doch einem anderen Menschen von Ihrem Vorhaben und bitten Sie ihn um Rat. Auch das ist ja schon eine konkrete Tat.

Entscheidend ist nicht, wie genau die Tat ausfällt, sondern dass der Glaube Ausdruck findet, dass er in die Hände und Füße kommt und leiblich wird. Auch in diesem Sinne ist das eingangs zitierte Wort von Oetinger wahr: »Leiblichkeit ist das Ende aller Wege Gottes.«

Und wenn der Glaube auf diese Weise Ausdruck gefunden hat, können sich daraus gute Gewohnheiten entwickeln – der siebte Pfad der Veränderung.

IMPULSE ZUR REFLEXION ODER ZUM AUSTAUSCH

▶ Was ist Ihr Körper für Sie? Betrachten Sie die Liste unten und kreuzen Sie an, was am besten zu Ihrer Einstellung zu Ihrem Körper passt. Mehrfachnennungen sind erwünscht. Suchen Sie nicht nach der »richtigen« Antwort, sondern überlegen Sie, wie Sie Ihren Körper wirklich empfinden.

Mein Körper ist für mich:

- ☐ Assistent
- ☐ Geschenk
- ☐ peinlich
- ☐ Freund
- ☐ Esel
- ☐ zuverlässig
- ☐ unzuverlässig
- ☐ wundervoll
- ☐ Werkzeug
- ☐ Partner
- ☐ Last
- ☐ nützlich
- ☐ perfekt

▶ In welchen Situationen erleben Sie, dass Ihr Körper und Ihr Glaube etwas miteinander zu tun haben?

▶ Denken Sie noch einmal an die Veränderungen, die Sie sich wünschen. Was könnten Sie leibhaftig tun, um Ihrem Ziel näher zu kommen?

7

DER PFAD DER ÜBUNG – GUTE GEWOHNHEITEN ENTWICKELN

Wir sind, was wir wieder und immer wieder tun. Brillieren ist daher keine Handlung, sondern eine Gewohnheit.
Will Durant[62]

Viele Jahre habe ich in einem Tischtennisverein gespielt. Der beste Spieler in unserem Verein war zugleich der älteste. Noch mit über 65 Jahren spielte er unfassbar gut. Gegen Bernd – hier darf ich ja mal den richtigen Namen nennen – hatte man nie eine Chance. Er platzierte die Bälle dermaßen präzise und machte so selten Fehler – es war frustrierend. Bernd war aber nicht nur der älteste und beste Spieler im Verein, er war auch der fleißigste. Keiner trainierte so hart wie er. Keinen Trainingsabend ließ er ausfallen. Immer war er als Erster da. Und wenn die anderen japsend auf die Bank plumpsten, stand er noch an der Platte und wollte weiterspielen. Natürlich hatte Bernd Talent für diesen Sport, doch seine Spielstärke war in erster Linie das Resultat intensiver Übung.

Was für den Sport gilt, das gilt ebenso für alle anderen Bereiche des Lebens: Nichts lernen wir mit einem Mal. Ob Klavierspielen oder Autofahren, eine fremde Sprache oder Tapezieren – alle Fertigkeiten erfordern Übung. Und Übung bedeutet: Wiederholen, wiederholen, wiederholen. Denn durch wiederholte Handlungen werden in unserem Gehirn neuronale Verbindungen ausgebaut und sorgen dafür, dass unsere Finger die Tasten auf dem Klavier immer leichter finden und der Fuß wie von selbst die Kupplung kommen lässt. Der Psychotherapeut Vincent Deary beschreibt anschaulich, wie sich das Einüben eines neuen Verhaltens vollzieht:

Alle Fertigkeiten erfordern Übung.

> Am Anfang gab es jenes besagte Stadium, in dem alles schwerfällig, linkisch und mühsam vonstattengeht. Immer und immer wieder mussten mit Muskeln und Nerven neue Pfade festgetreten werden, damit aus ihnen Muster des Denkens, Fühlens und Handelns entstanden. Durch Wiederholungen und Verfeinerungen haben diese Muskeln und Nerven, diese Gefühle, Gedanken und Handlungen eine Routine erschaffen, die immer weniger bewussten Impuls benötigt, um abzulaufen.[63]

Durch häufige Wiederholungen entstehen in Gehirn und Nervenbahnen neue Wege. Wie Trampelpfade graben sie sich mit jeder Wiederholung tiefer ein. Auf diese Weise entwickeln sich Gewohnheiten oder Automatismen. Die eingespielten Verhaltensweisen laufen nun wie von alleine ab.

Im englischsprachigen Raum ist diese »habit formation«, also die Ausbildung von Gewohnheiten, ein großes Thema. Etliche Veröffentlichungen befassen sich damit. James Clear hat ein Buch über »Atomic habits«[64] geschrieben, in dem er den wissenschaftlichen Forschungsstand anschaulich darstellt und Konsequenzen für die Praxis zieht. Sein Buch hat es auf die Bestsellerliste der New York Times geschafft und wurde schon 9 Millionen Mal verkauft. Viele Menschen spüren offenbar, dass die Entwicklung guter Gewohnheiten (wie auch das Ablegen schlechter Gewohnheiten) einen immensen Einfluss auf ihr Leben hat. Es sind nicht die großen Taten, sondern die kleinen, alltäglichen Gewohnheiten, die unseren Charakter formen. Es stimmt tatsächlich: Wir sind, was wir wieder und immer wieder tun.

Es gibt inzwischen eine ganze Reihe von wissenschaftlichen Forschungen, die sich mit der Frage beschäftigen, wie aus einer gewünschten Handlung eine automatisierte Gewohnheit, ein »habit« wird. In einer sozialpsychologischen Studie in England wurden Probanden aufgefordert, eine neue Gewohnheit zu entwickeln. Eine selbst gewählte, wünschenswerte Handlung sollte täglich ausgeübt werden, zum Beispiel ein Stück Obst essen oder eine sportliche Übung machen. Es wurde untersucht, wie lange es dauert, bis diese Handlung so automatisiert wurde, dass sie unbewusst und ohne inneren Aufwand ablief, bis sie also wirklich zur Gewohnheit geworden ist. Die Dauer war individuell sehr verschieden, doch im Durchschnitt waren es 66 Tage.[65] Etwa zwei bis drei Monate mit täglichen Wiederholungen dauert es also, bis ein Verhalten eine echte Gewohnheit wird!

Besonders schwierig ist die Entwicklung einer Gewohnheit, wenn sie mit einem Umlernen verbunden ist. Wer sich bei einem Musikinstrument oder beim Sport eine »falsche« Technik angewöhnt hat, dem fällt es viel schwerer, die »richtige« Technik zu verinnerlichen, als jemandem, der bei null anfängt. Umlernen bedeutet, dass wir aus den tief eingegrabenen Verhaltenspfaden aussteigen und neue Pfade bahnen müssen. Das ist ein anspruchsvolles Unterfangen.

Bei Lernvorgängen in der Nachfolge Christi ist es ähnlich. Wir folgen Jesus ja nicht mit einer leeren Festplatte im Gehirn. Unser Denken und Fühlen, Werten und Agieren ist durch jahrelange Übung in einer bestimmten Weise automatisiert. Wir stecken voller Gewohnheiten. Viele sind sinnvoll und schön, aber sicher nicht alle. Bei dem geistlichen Veränderungsprozess, in den Jesus uns hineinruft, geht es

Wir folgen Jesus nicht mit einer leeren Festplatte im Gehirn.

vielfach um ein Umlernen: Meine Mitmenschen nicht mehr verbiestert anblicken, sondern ihnen mit Freundlichkeit begegnen. Mit meinen Sorgen nicht mehr Karussell fahren, sondern sie an Gott abgeben. Stille ertragen, statt nervös zum Handy zu greifen. Beim Geschäftspartner nicht das Maximum rausholen wollen, sondern eine Win-win-Lösung suchen. Auf Kritik nicht aggressiv reagieren, sondern sie mit Demut annehmen. Immer wieder geht es um das Ablegen alter, hässlicher Gewohnheiten und das Anlegen neuer, guter Gewohnheiten. Ohne ausdauernde Übung wird das nicht passieren.

Aus diesem Grund gibt es in der Bibel vielfältige Aufforderungen zur Wiederholung. Besonders im Alten Testament finden wir sie. Bei jedem Niederlegen und Aufstehen, bei jedem Eingehen und Ausgehen aus seinem Haus soll sich der fromme Israelit an das »Schma«, das »Höre, Israel«, erinnern (5. Mose 6,7-8). An jedem Sabbat wird das Ruhen und Feiern vor Gott praktiziert. Bei vielerlei Anlässen wurden im Tempel Opfer und Gebete dargebracht und so

Hingabe und Anbetung eingeübt. Die Tora ist voll von Aufforderungen, Glaubensvollzüge kontinuierlich zu trainieren.

An dieser Stelle könnte man nun einen kritischen Einwand erheben: Führt diese Entwicklung neuer Gewohnheiten nicht in Gesetzlichkeit? Entsteht daraus nicht eine neue Starrheit, nun in frommer Version? Und soll nicht nach dem Neuen Testament – in vermeintlichem Unterschied zum Alten – das Leben der Gläubigen von Freiheit und der Spontanität der Liebe gekennzeichnet sein, die aus dem Herzen kommt und nicht aus antrainierten Routinen?

Der Einwand ist nicht unberechtigt. Es gibt leider genug Beispiele von Christen, die in ihrem frommen Verhaltenskodex reichlich zwanghaft wirken und deren Glaube zu einem Set von Regeln erstarrt ist. Das ist tragisch und bestimmt nicht im Sinne Gottes. Sein Geist ist kein Geist der Knechtschaft (Römer 8,15), sondern ein Geist, der uns zu kreativem und unkonventionellem Handeln befreit.

Durch stetige Übung formen sich bestimmte Lebenshaltungen heraus.

Doch Gewohnheit und Spontanität, Routine und Freiheit schließen sich nicht aus. Sie bedingen sich sogar. Der Neutestamentler N. T. Wright verdeutlicht dies anhand einer besonderen Begebenheit. Chesley Sullenberger wurde berühmt, weil er im Januar 2009 in einer spektakulären Aktion ein Passagierflugzeug auf dem Hudson River notlandete. Ein Schwarm Gänse war in die Triebwerke geraten und das Flugzeug drohte, über New York abzustürzen. Die Landung auf dem Wasser war die einzige Chance, das Flugzeug auf den Boden zu bringen, ohne viele Menschenleben zu gefährden. Das Manöver war allerdings extrem schwierig. Innerhalb von wenigen Sekunden musste »Sully« eine Vielzahl von Entscheidungen treffen, an denen das Leben seiner Passagiere hing. Er musste in einer noch nie erprobten Weise

»spontan« reagieren. Das konnte er nur aufgrund seines jahrelangen Trainings. Weil er bestimmte Bewegungen mit dem Flieger wieder und wieder geübt und sie automatisiert hatte, war er in der Lage, in dieser besonderen Situation genau das Richtige zu tun.[66]

Mit diesem Beispiel veranschaulicht Wright, dass es beim geistlichen Üben nicht um die Ausbildung äußerer Formen und Handlungsweisen geht, die man genau so und nur so einhalten muss – das wäre in der Tat gesetzlich. Es geht vielmehr um Charakterbildung. Durch stetige Übung formen sich bestimmte Lebenshaltungen heraus, die Wright mit dem alten Wort »Tugenden« bezeichnet: Glaube, Liebe, Hoffnung, Mut, Geduld, Ehrlichkeit, Selbstbeherrschung und vieles mehr. All das sind Charakterzüge, die wir bei Jesus, unserem Meister, sehen. Sie werden im Neuen Testament als Frucht des Heiligen Geistes bezeichnet (Galater 5,22-23). Der Heilige Geist will sie in uns wachsen lassen, doch er tut dies, indem wir diese Haltungen durch stetige Entscheidungen im täglichen Leben einüben. Auf diese Weise werden solche Haltungen mehr und mehr zu unserer zweiten Natur, sodass wir auch in einer kritischen Situation liebevoll, geduldig und mutig reagieren können.

Stetiges Üben und spontanes Handeln gehen Hand in Hand. Durch geistliche Übungen wie Schriftbetrachtung und Stille, Beichte und Tagebuchführen usw. wird unsere Gottes- und Selbstwahrnehmung geschärft. Sie halten uns innerlich beweglich und helfen uns, im Hören auf Gott immer wieder neu aus alten Pfaden auszusteigen und Neues, Ungewohntes zu wagen. Stetigkeit und Freiheit gehören darum zusammen und sollten nicht gegeneinander ausgespielt werden. Im Blick auf die Übung des Gebets formuliert Peter Köster, ein erfahrener geistlicher Begleiter, eindrücklich:

Zu der Entschiedenheit, unsere Möglichkeiten und Zeiten für das Gebet wahrzunehmen, gehört auch die ausdrückliche Absicht, Gott an uns handeln zu lassen. Diese Absicht bleibt aber Illusion, solange wir uns nicht mit einer gewissen Kontinuität vorgegebenen Übungen unterziehen, d. h. Übungen, die unserer Beliebigkeit entzogen sind und die wir unabhängig von unserer augenblicklichen Gestimmtheit praktizieren ... Nur solche Gebetsübungen haben auf Dauer eine verwandelnde Kraft.[67]

Beweglichkeit durch Stetigkeit, Veränderung durch Beharrlichkeit, Transformation durch Repetition. So paradox das klingt – das ist der Weg zur Verwandlung in das Bild Christi.

Durch Erinnerung wird Gewusstes ins Bewusstsein gehoben.

Aber wie macht man das nun praktisch? Wie schaffe ich es, eine hässliche Gewohnheit abzulegen und mir eine gute Gewohnheit anzueignen? Der bereits erwähnte James Clear gibt viele praktische Tipps. Die drei wichtigsten sind:

1. Wir brauchen einen Auslöser, ein Signal, das uns einen Impuls zum neuen Verhalten gibt. Das kann ein Gegenstand in der Wohnung sein, der uns ins Auge fällt, oder ein Zettel an der Wand. Noch wirksamer ist es, wenn der Auslöser eine bestimmte, immer wiederkehrende Situation ist: Immer wenn ich morgens die Zähne putze ... Jedes Mal, wenn ich das Haus verlasse, ... Am besten ist es, wenn wir die neue Gewohnheit an eine bereits bestehende Gewohnheit andocken. Wenn Sie das neue Verhalten mit etwas verknüpfen, was Sie ohnehin schon regelmäßig tun, wird die Ausbildung

eines neuen Automatismus deutlich einfacher. Ich habe zum Beispiel in meinem Pfarrbüro eine kleine Gebetsecke. Jeden Morgen, wenn ich das Büro betrete, sehe ich die Ecke und gehe automatisch zuerst dorthin, um eine Zeit mit Gott zu haben. Der Vorgang »Büro betreten« ist im Gehirn verknüpft mit dem Gang zur Gebetsecke, sodass es gar kein innerer Angang mehr ist.

2. Ein zweiter Tipp von Clear zur Gewohnheitsbildung: Mache es einfach! Ein neues Verhalten zu beginnen, kostet Energie. Wir sind aber natürlicherweise darauf bedacht, Energie zu sparen. Ein Verhalten, das zu viel Energie kostet, vermeiden wir. Darum ist es wichtig, die neue Gewohnheit so einfach wie möglich zu machen. Wer gesünder essen will, sollte dafür sorgen, dass reichlich Obst und Gemüse sichtbar in der Küche stehen, sodass ein Griff genügt, um sich den Apfel zu holen. Auch das Umgekehrte ist wahr: Wer eine hässliche Gewohnheit ablegen will, sollte sie so schwer wie möglich machen. Lassen Sie die Schokolade nicht offen liegen, wo sie in die Augen fällt, sondern – wenn schon welche im Haus sein muss – schließen Sie sie so gut weg, dass das Naschen Mühe macht!

Zur Einfachheit gehört auch die Kürze. Wer zum Beispiel regelmäßig einen Bibeltext lesen will, sollte klein beginnen. Fünf Minuten am Tag genügen für den Anfang. Fünf Minuten kann jeder aufbringen. Haben Sie dann erst einmal eine Gewohnheit zur Schriftlektüre etabliert, können Sie sie leicht weiter ausbauen.

3. Die Häufigkeit der Handlung ist entscheidend dafür, dass ein Verhalten tatsächlich zur festen Gewohnheit wird. Was wir nur dann und wann oder zwei Mal in der Woche machen, wird schwerlich zu einer automatisierten Handlung. Da

werden wir immer wieder neu Energie aufwenden müssen und häufig genug in die alten Muster zurückfallen. Wenn es aber gelingt, ein bestimmtes Verhalten häufig, am besten täglich, auszuüben, wird es nach einiger Zeit wie von alleine geschehen.

Wenn Sie zum Beispiel die Beziehung zu Ihren Kollegen verbessern wollen, könnten Sie folgende Strategie verfolgen: Jeden Morgen, wenn ich das Büro betrete und meine Kollegen sehe, sage ich Ihnen zuallererst etwas Wertschätzendes.

Oder wenn Sie intensiver Ihr Leben reflektieren wollen, könnten Sie es sich zur Gewohnheit machen: Jeden Abend, bevor ich das Licht ausmache, schreibe ich fünf Minuten in mein Tagebuch (was dann natürlich der Einfachheit halber samt Stift auf dem Nachttisch liegen sollte).

Übung zielt darauf, neue Gewohnheiten und Charakterzüge auszubilden. Zur Übung gehört jedoch eine weitere Dimension, auf die ich zum Schluss noch eingehen möchte. Es ist die Erinnerung. Wir haben viel Wissen im Gedächtnis abgespeichert, das wir aber nicht »auf dem Schirm«, nicht im Bewusstsein haben und das deshalb keine verändernde Wirkung in unserem Leben entfalten kann. Durch Erinnerung wird Gewusstes ins Bewusstsein gehoben. Es wird gegenwärtig und kann so unsere Beurteilungen, Empfindungen und Entscheidungen im Alltag beeinflussen. Der amerikanische Theologe Jeffrey Arthurs weist darauf hin, dass sich »in der Bibel Fühlen und Wollen mit dem Denken verbinden, indem die Erinnerung das Vergangene mit ungeheurer Kraft gegenwärtig macht und so zu angemessenem Verhalten führt«[68].

Wer sich erinnern will, braucht Erinnerungshilfen. Es gibt sehr einfache visuelle oder haptische Erinnerungshilfen, die uns geistliche Wahrheiten oder eigene Absichten vergegenwärtigen können: ein Bild an der Wand, ein Spruch auf einem Post-it-Zettel am Badezimmerspiegel oder als Bildschirmschoner am PC, Erbsen in der Hosentasche, ein Bändchen am Handgelenk, ein Signal auf dem Smartphone. Mit kleinen Mitteln werden Einsichten und Absichten ins Bewusstsein gehoben und so ihr Einfluss auf unser Leben gestärkt. Im bereits erwähnten Zürcher Ressourcen Modell wird das Veränderungsziel mit einem bestimmten Bild oder Symbol assoziiert, das man sich aussucht. Dieses Symbol wird dann als Erinnerungshilfe an mehreren Orten im Alltag platziert. Es kann als Bild zu sehen sein, als Wort, als Kleidungsstück, Farbe oder Duft. All das vergegenwärtigt den konkreten Entschluss oder die neue Erkenntnis und verstärkt sie auf diese Weise.[69]

Besonders kräftig ist die Erinnerung, wenn wir etwas auswendig lernen. Ein Bibeltext, den wir so oft wiederholen, bis wir ihn in Kopf und Herz haben, hat prägende Kraft. Immer wieder wird er in bestimmten Alltagssituationen präsent, formt unsere Gedanken, verändert Werte und Gefühle und beeinflusst das Verhalten. Das Auswendiglernen von Texten ist vielleicht nicht besonders populär, aber wenn Sie den Wunsch haben, dass eine bestimmte biblische Einsicht Ihr Leben real beeinflusst, dann versuchen Sie doch einmal, einen Bibelvers, in dem diese Einsicht ausgedrückt wird, auswendig zu lernen! Sie machen sich damit einen großen Schatz zu eigen!

Eine nicht zu unterschätzende Rolle bei der Erinnerung spielt außerdem die Musik. Lieder, die wir singen, berühren und wirken nachhaltig. Sie sind wie ein Vehikel, das geistliche Wahrheiten in die tieferen Schichten der Seele transportiert und präsent hält. Lieder können daher eine wichtige Hilfe bei geistlichen Veränderungsprozessen sein. Vielleicht kennen Sie ja ein Lied, das bei dem Veränderungsprozess, der bei Ihnen gerade ansteht, eine Ermutigung sein könnte. Dann laden Sie doch dieses Lied auf Ihr Handy und lassen Sie sich von ihm durch den Tag begleiten! So kann es seinen Einfluss auf Ihre Gedanken und Gefühle ausüben. Wir lernen leichter, unsere Sorgen an Gott abzugeben, wenn uns »Befiehl du deine Wege« von Paul Gerhardt durch den Kopf geht. Dankbarkeit kann zur Lebenshaltung werden, wenn »Zehntausend Gründe«[70] unser Ohrwurm ist.

Die Grundthese dieses Buchs ist, dass durch Übung in der Kraft des Heiligen Geistes Veränderung tatsächlich möglich ist. Neue Einsichten und Gefühle, neue Haltungen und Verhaltensweisen können trainiert werden. Zwei Psychologieprofessoren haben dies vor einigen Jahren in einer bemerkenswerten empirischen Studie belegt. Henning Freund von der Evangelischen Hochschule Tabor und Dirk Lehr von der Leuphana Universität Lüneburg haben gemeinsam ein Programm entwickelt, mit dem man eine Haltung der Dankbarkeit »trainieren« kann. Eine Serie von Probanden hat an diesem Trainingsprogramm teilgenommen, das sich über mehrere Monate erstreckt hat.

In diesem Programm spielt die Wiederholung eine wesentliche Rolle und hier verbinden sich praktische Übungen mit der Erinnerung. Zentral ist dabei das Führen eines Dankbarkeitstagebuchs. Die Teilnehmerinnen und Teilnehmer des Dankbarkeitstrainings schrieben täglich in ihr Tagebuch, was sie im Laufe des Tages Gutes erlebt und wahrgenommen hatten. Da es das Tagebuch auch als App für das Handy gibt, konnte man neben Texten Bilder des Tages festhalten. Durch das regelmäßige Führen des Tagebuchs gewöhnten die Probanden sich daran, ihre Aufmerksamkeit auf die positiven Dinge zu richten, die sie am Tag erlebt hatten. Sie erinnerten sich an das Gute, genossen es erneut und gaben ihm Raum in ihren Gedanken und Gefühlen. Auf diesem Weg wurde der innere Fokus immer wieder in eine bestimmte Richtung gelenkt und die Wahrnehmung verfeinert. Sie entdeckten in zunehmendem Maße, wie viel Schönes sie empfangen. Diese Veränderung des Fokus beeinflusste ihre Emotionen. Es entstand durch die wiederholte Übung ein Gefühl des Beschenktseins und sie empfanden in zunehmendem Maße Dankbarkeit.

Die wissenschaftliche Auswertung der Studie zum Dankbarkeitstraining ergab, dass die meisten Probanden tatsächlich eine signifikante Veränderung in ihrem Lebensgefühl erfahren hatten, die sogar weit über die bewusste Trainingszeit hinausging.[71]

Im Praxisteil unseres Buches finden Sie einen beispielhaften Prozess, wie ein Dankbarkeitstraining im Rahmen der Gemeindearbeit aussehen könnte, bei dem alle erwähnten Pfade mit eingebunden sind.

Übung ist wirksam. Doch Übung erfordert Zeit. Wir brauchen einen langen Atem. Immer wieder werden wir wiederholen und vertiefen. Immer wieder werden wir auch Rückschläge erleben und Durststrecken. Aber wenn wir den Pfad der Übung hartnäckig weitergehen und dem Geist Gottes Zeit geben, an unserer Seele zu wirken, dann können wir erleben, wie sich ganz allmählich etwas verändert: Neue Gewohnheiten etablieren sich. Neue Empfindungen kommen auf, neue Gedanken durchziehen den Kopf und wir legen ein neues Verhalten an den Tag. Veränderung wird Realität!

Für Übung brauchen wir Zeit. Doch dadurch wird Veränderung Realität.

IMPULSE ZUR REFLEXION
ODER ZUM AUSTAUSCH

▶ Wie stark schätzen Sie Ihre eigene Ausdauer ein? Geben Sie tendenziell schnell auf oder halten Sie lange durch?

▶ Gibt es eine Aktivität in Ihrem Leben (Sport, Musik, Sprache, Beziehungen, ...), bei der Ihnen das Üben Spaß macht? Wenn ja, warum?

▶ Gibt es Aktivitäten, bei denen Sie das Üben eher negativ erleben? Wenn ja, warum?

▶ Welche geistlichen Übungen praktizieren Sie?

▶ Welche geistlichen Übungen würden Sie gerne ausprobieren?

▶ Wie könnte ein »Trainingsplan« bei dem Thema aussehen, bei dem Sie sich Veränderung wünschen? Beschreiben Sie, was Sie konkret üben würden.

TEIL 3

VERÄNDERUNG ERLEBEN – IMPULSE AUS DER PRAXIS FÜR DIE PRAXIS

1

DIE SIEBEN PFADE VERBINDEN

Bevor Sie weiterlesen, würde ich gern ein kleines Experiment mit Ihnen machen. Nehmen Sie einen Wollfaden zur Hand und versuchen Sie, ihn zu zerreißen. Es wird Ihnen nicht schwerfallen. Nun wickeln Sie drei Wollfäden umeinander und versuchen erneut, sie zu zerreißen. Das wird schon deutlich schwieriger, ist aber je nach Wolle noch möglich. Wenn Sie jedoch sieben Wollfäden zu einem Strang verbinden, werden Sie diesen selbst mit größter Anstrengung nicht mehr zerreißen können.

Schon beim Prediger Salomo heißt es: »Eine dreifache Schnur reißt nicht leicht entzwei« (Prediger 4,12). Das einzelne Band ist schwach. Doch wo sich mehrere Fäden verbinden, werden sie unzerreißbar. Dies trifft auch bei Veränderungsprozessen zu. Die oben vorgestellten sieben Pfade zur Veränderung sind wie sieben Fäden. Als einzelne sind sie schwach und bewirken wenig. Was nützt es, wenn ich eine Erkenntnis gewinne, aber nicht motiviert bin, sie umzusetzen? Wenn ich die Gemeinschaft in meinem Hauskreis genieße, aber keine Entscheidungen treffe, einen bestimmten Bereich meines Lebens zu verändern?

Wenn man dagegen mehrere Pfade miteinander verbindet, gewinnen sie große Stärke: Ich gewinne eine Erkenntnis, treffe eine Entscheidung und nutze die Kraft der Gemeinschaft, um sie umzusetzen. Ich suche mir ein Vorbild, an dem ich lernen kann, setze das Gelernte leibhaftig um und entwickle gute Gewohnheiten.

Deshalb gilt es, möglichst viele Veränderungspfade miteinander zu kombinieren, sodass eine breite Straße der Veränderung entsteht, die nur schwer wieder zuwachsen wird. Auch hier dürfen und sollen wir uns vom Heiligen Geist darin leiten lassen, wie diese Kombination aussehen kann und auf welche Weise wir die Pfade miteinander verknüpfen können, damit sie zu einem festen Strang werden.

~

Im Folgenden schauen wir uns an, wie ein solcher Veränderungsprozess praktisch aussieht. Dafür gebe ich Ihnen zuerst einen kurzen Überblick, welche konkreten Schritte Sie gehen und wie Sie dabei die verschiedenen Veränderungspfade einbeziehen können.

Der Fragebogen im Anschluss hilft Ihnen, Ihr eigenes Thema zu finden und Ihren persönlichen Veränderungsprozess zu gestalten.

Alles beginnt mit dem ersten Schritt.

Schritte auf dem Weg zur Veränderung

1. Finden Sie Ihr Thema.

In welchem Bereich Ihres Lebens wünschen Sie sich Veränderung? Wo möchten Sie sich mehr von Christus prägen lassen? Es ist sinnvoll, sich bei der Themensuche an Gottes Verheißungen zu orientieren.

Nehmen Sie nicht das Negative in den Fokus, das Laster, das Sie ablegen, oder das Problem, das Sie loswerden wollen, sondern konzentrieren Sie sich auf das positive Bild, das Gott Ihnen verheißt und in das er Sie verwandeln will.

Bei der Suche nach dem Thema verbinden sich der **Pfad der Erkenntnis** und der **Pfad der Motivation.** Sie informieren sich, forschen in der Bibel, hören Vorträge oder lesen ein Buch. Sie füttern Ihren Geist und zugleich öffnen Sie ihn für Gottes Stimme, suchen Stille und beten. So spüren Sie der eigenen Sehnsucht nach und nehmen sich Zeit zum Träumen vor Gott. Sie imaginieren, das heißt, Sie stellen sich plastisch vor, wie so ein verändertes Leben aussieht und wie es sich anfühlt.

Es ist wichtig, dass Sie gerade zu Beginn des Veränderungsprozesses intensiv in das Thema eintauchen, sich wirklich Zeit nehmen und es zur Priorität machen. Im intensiven Nachdenken, Beten und Träumen wird Ihre Motivation entzündet, der Motor kommt in Gang und Sie bekommen die Energie, die nötig ist, um aktiv zu werden!

2. Suchen Sie Unterstützung.

Wenn Sie Ihr Thema gefunden haben, schauen Sie sich nach Unterstützung um. Vielleicht gibt es in Ihrer Gemeinde Menschen, die auch an diesem Thema interessiert sind und mit denen Sie sich zusammen auf den Weg machen können? Vielleicht wäre es ein Thema für Ihren Hauskreis? Oder gibt es eine Freundin oder einen Mentor, der Sie begleiten kann?

Wo sind Menschen, die Ihnen in diesem Bereich ein Modell geben könnten? Wer verwirklicht ein bisschen von dem, was Sie sich erträumen? Vielleicht finden Sie so eine Person in Ihrer Nähe und können sich mit ihr treffen oder es gibt jemanden im weiteren Umfeld, den Sie besuchen könnten. Manchmal hilft es auch, eine

Biografie über einen Menschen zu lesen, der Ihnen in dieser Sache ein Vorbild ist.

Indem Sie so Unterstützung suchen, verbinden Sie die Pfade der Erkenntnis und der Motivation mit dem **Pfad der Gemeinschaft** und dem **Pfad der Imitation**.

3. Treffen Sie klare Entscheidungen.

Am Anfang des Veränderungsweges steht eine vage Sehnsucht, ein unscharfer Wunsch. Das Nachdenken vor Gott und die Gespräche mit anderen geben dieser Sehnsucht ein klareres Profil. Nun sind Sie an dem Punkt, wo Sie Entschlüsse fassen können.

Natürlich haben Sie auch vorher bereits Entscheidungen getroffen. Sie haben sich entschlossen, Unterstützung in Anspruch zu nehmen und Gespräche zu führen. Hier wird deutlich, dass die Bezeichnung »sieben Pfade« kein Nacheinander von unterschiedlichen Schritten meint. Es sind tatsächlich verschiedene Aspekte, die parallel miteinander gehen und ineinandergreifen.

Doch nun stehen Sie vor dem Rubikon und betreten den **Pfad der Entscheidungen** ganz bewusst. Sie sind an den Punkt gekommen, wo es um die Umsetzung geht: Was möchten Sie konkret verändern? Welche praktischen Schritte wollen Sie gehen, um dieses Ziel zu erreichen? Wenn Sie hier verbindliche Entschlüsse fassen, betreten Sie die Brücke, die vom Wunsch zur Wirklichkeit führt.

4. Handeln Sie.

Anschließend ist es notwendig, die Brücke zu überqueren und Tatsachen zu schaffen. Jede Handlung verändert unser Inneres und formt unseren Charakter. Nutzen Sie den **Pfad des Handelns** und versuchen Sie, das angestrebte Verhalten in irgendeiner Weise leiblich zu vollziehen! Das können körperliche Haltungen sein, mit denen Sie eine innere Einstellung symbolisch ausdrücken. Oder

Sie setzen Ihr großes Ziel in kleinen Schritten in die Tat um. Im Gespräch mit anderen werden Sie sicher manche Idee entwickeln. Manchmal muss man etwas einfach mit Händen, Füßen und Mund ausprobieren.

Vielleicht geht es schief. Vielleicht fallen Sie auf die Nase. Das macht nichts! Stehen Sie wieder auf und probieren Sie es erneut. So kombinieren Sie die Theorie mit der Praxis. So verbinden Sie den Geist mit dem Leib. So münden Denken, Fühlen und Wollen ins Handeln. Der Glaube greift ins Leben und verändert die Wirklichkeit.

5. Halten Sie durch.

Bei all dem heißt es: Durchhalten! Dieser Punkt wird leicht unterschätzt. Doch hier entscheidet sich, ob es zu einer wirklichen Lebensveränderung kommt oder unser neues Verhalten nur eine kleine Welle ist, nach der alles beim Alten bleibt.

Sie haben sich ein Ziel gesteckt. Sie sind in Bewegung gekommen. Sie haben neue Verhaltensweisen ausprobiert. Jetzt kommt es darauf an, das Neue zu wiederholen, es immer wieder einzuüben und auszuüben, zu variieren und anzupassen, damit auf dem **Pfad der Übung** wirklich gute Gewohnheiten entstehen. Hier braucht es langen Atem und die Unterstützung anderer, um Durststrecken zu ertragen.

Das Üben schließt die anderen Pfade zur Veränderung mit ein: Erkenntnisse vertiefen und die Motivation auffrischen, Entscheidungen treffen und sich mit anderen austauschen, Vorbilder beobachten und immer wieder bestimmte Handlungen ausführen.

Wenn Sie hier durchhalten, werden Sie schon nach einigen Monaten den Unterschied merken. Sie werden spüren, wie das neue Verhalten leichter und natürlicher wird, weil es Teil Ihres Lebens, Teil Ihrer Persönlichkeit geworden ist.

Mein Veränderungsprozess

Mit den folgenden Fragen können Sie Ihren Veränderungsprozess selbst gestalten. Nehmen Sie sich genügend Zeit, um über die Fragen nachzudenken und sie im Gebet vor Gott zu bewegen.

Es ist sehr hilfreich, die Fragen nicht nur vage in Gedanken, sondern konkret und schriftlich zu beantworten. Damit vollziehen Sie den Schritt von der Theorie in die Praxis.

▶ In welchem Bereich Ihres Glaubens und Ihres Lebens wünschen Sie sich eine Veränderung?
▶ Halten Sie für sich eine positive Zielformulierung fest!
▶ Welches Bild oder welches Symbol wählen Sie, um sich Ihr Ziel stets präsent zu halten?
▶ Welche Aussagen der Bibel, welche Verheißungen Gottes passen zu Ihrem Veränderungsziel?
▶ Welche Bücher, Texte, Podcasts, ... könnten Ihnen hilfreiche Erkenntnisse zu Ihrem Thema liefern?
▶ Welche Menschen könnten Sie auf Ihrem Veränderungspfad begleiten? Wen wollen Sie fragen?
▶ Wann könnten Sie sich mit Ihren Unterstützern treffen? (Vereinbaren Sie Termine!)
▶ Welche Vorbilder fallen Ihnen ein, die das, was Sie anstreben, bereits verwirklichen? Wollen Sie mit ihnen Kontakt aufnehmen?

- Wo und wann könnten Sie – allein oder mit Ihren Unterstützern – in die Stille gehen, um Ihr Thema vor Gott zu vertiefen?
- Welche Entscheidung wollen Sie treffen, um Ihr Veränderungsziel zu erreichen?
- Wie könnten Sie Ihr Thema »verleiblichen«? Welche tägliche Übung könnten Sie praktizieren?
- Was wollen Sie tun, wenn Ihre Motivation nachlässt oder Resignation droht?

2

DREI BEISPIELE FÜR VERÄNDERUNGSPROZESSE IN DER NACHFOLGE

Wie sieht so ein siebenfacher Veränderungsprozess nun praktisch aus? Anhand von drei Beispielen möchte ich das veranschaulichen. Es sind drei ganz unterschiedliche Felder der Nachfolge. Das erste Beispiel befasst sich mit der Frage, wie wir Sorgen abgeben und mehr Vertrauen gewinnen können. Im zweiten geht es um die Einübung in die Barmherzigkeit und im dritten um Dankbarkeit als Lebensstil. Es sind Lebensbereiche, in denen sich die Jüngerschaft bewähren kann und die für das Christsein wesentlich sind. In allen Beispielen werden die sieben Pfade zur Veränderung mit unterschiedlichen Schwerpunkten in einen Prozess eingebaut, der sich etwa über ein halbes bis ganzes Jahr erstreckt.

Die hier vorgeschlagenen Themen haben exemplarischen Charakter. An ihnen soll erkennbar werden, wie ein Prozess der Veränderung aussehen könnte. Für Ihr eigenes Thema dürfen Sie die vorgestellten Ideen gerne aufgreifen, abwandeln und auf Ihre Situation zuschneiden. Sicherlich kommen Ihnen bei der Beschäftigung mit Ihrem Thema noch ganz andere und bessere Ideen! Ich möchte Ihnen Mut machen, Ihre Fantasie spielen zu lassen und Sachen einfach auszuprobieren.

~

1. Sorgenfrei und vertrauensvoll leben

Viele Menschen sehnen sich nach einem Leben ohne quälende Sorgen. Das »Sorgenkarussell« nimmt ihnen Lebensfreude, kostet sie enorme Kraft und raubt ihnen den Schlaf. Eine verbreitete Strategie, sorgenfrei zu werden, besteht in der Anhäufung von Besitz und allerlei Sicherheiten und der Gefahrenvermeidung. In seiner »Sorgenrede« (Matthäus 6,25-34) weist Jesus einen anderen Weg. Dort entwirft er eine Vision von einem Leben ohne Sorgen, das aus dem Vertrauen zu Gott erwächst. Seine Jünger brauchen sich keine Sorgen zu machen, denn der Vater weiß, was wir brauchen (Vers 32). Wer dieses Vertrauen hat, kann seine Sorgen bei Gott abgeben und so loswerden. Doch Vertrauen entwickeln und Sorgen abgeben braucht Übung. Es gilt, zielgerichtet die eigenen Sorgen wahrzunehmen und in einem Vertrauensakt an Gott zu übergeben – und das immer wieder, bis man die Sorgen wirklich loslässt und vertraut.

Im Folgenden beschreibe ich ein Sorgenfrei-Trainingsprogramm, das die sieben Pfade der Veränderung einbezieht und etwa ein Jahr in Anspruch nimmt.

Phase 1: Vorbereitung (ca. 4 Wochen)

In einem ersten Schritt geht es um Erkenntnisgewinn, eine Verdeutlichung des Ziels und Unterstützer. Diese Vorbereitungen entzünden die Motivation und bringen Sie in Bewegung.

Erkenntnisgewinn: Informieren Sie sich über das Thema Sorgen und Vertrauen. Lesen Sie Bücher oder Artikel im Internet, hören Sie Predigten oder Vorträge. Finden Sie heraus, welche negativen Folgen das Sorgenmachen hat und wie sich eine vertrauensvolle Haltung auf das Leben auswirkt.

Das Ziel vor Augen: Suchen Sie ein Bild, das Ihr Ziel zum Ausdruck bringt, zum Beispiel ein Foto von einem Menschen, der offenbar sorgenfrei und voll Vertrauen ist, oder von einem Tier, das diese Lebensweise für Sie zum Ausdruck bringt, oder ein passendes Symbol. Vielleicht finden Sie auch eine Figur, die zu diesem Thema passt? Entscheidend ist, dass das Bild oder die Figur Sie persönlich berührt und Ihnen das Ziel vor Augen hält. Stellen oder hängen Sie das Bild an Orte, auf die Ihr Blick oft fällt: an den Kühlschrank oder Laptop, an den Spiegel oder auf den Nachttisch.

Unterstützer: Suchen Sie sich Menschen, die sich mit Ihnen auf den Weg machen wollen. Sprechen Sie das Thema in Ihrem Hauskreis oder mit Freunden an, suchen Sie Seelsorger oder andere Begleiter und treffen Sie mit ihnen Vereinbarungen.

Phase 2: Sensibilisierung (6–12 Wochen)

Studieren Sie die Sorgenrede von Jesus aus Matthäus 6,24-34. Treffen Sie sich im Laufe von 6 bis 12 Wochen sechsmal mit Ihren Unterstützern oder nehmen Sie sich allein Zeit dafür. Lesen Sie jedes Mal den ganzen Text laut, fokussieren Sie sich danach aber auf wenige Verse. Lassen Sie sich von den Worten von Jesus herausfordern und überlegen Sie, wie Sie diese umsetzen können. Wenn Sie diese Verse gemeinsam studieren, gehen Erkenntnis und Gemeinschaft Hand in Hand.

VERSE UND FRAGEN FÜR DIE EINZELNEN TERMINE

▶ Matthäus 6,24: Wem will ich vertrauen: Gott oder dem Mammon (Geld, Sicherheiten)?

▶ Matthäus 6,25–27: Das Beispiel der Vögel. Sorglos = planlos?

▶ Matthäus 6,28–30: Das Beispiel der Blumen. Was können wir von ihnen lernen?

▶ Matthäus 6,31–32: Der Vater weiß, was wir brauchen. Was bedeutet das für mich?

▶ Matthäus 6,33: Wer Gottes Sache an erste Stelle setzt, wird nicht zu kurz kommen.

▶ Matthäus 6,34: Sorglos leben heißt nicht plaglos leben. Ein ernüchternder Blick.

Übungen:

• Legen Sie sich ein Sorgenfrei-Tagebuch an und notieren Sie täglich: Welche Sorgen habe ich mir heute gemacht? Wie häufig kamen die Sorgengedanken auf?

• Lernen Sie die Sorgenrede auswendig und sagen Sie sich diese täglich vor. So sind Ihnen die Worte von Jesus präsent und können bei einer aufkommenden Sorge bewusst als »Einrede« gegen diese Sorge ausgesprochen werden.[72]

Phase 3: Sorgen abgeben (ca. 12 Wochen)

In dieser Phase üben Sie sich darin, Ihre Sorgen an Gott abzugeben. Sie studieren, allein oder mit Unterstützern, einzelne Verse aus der

Bibel, die davon sprechen, zum Beispiel: Philipper 4,6; 1. Petrus 5,7; Psalm 37,5; Josua 1,9; Psalm 27,1. Nehmen Sie sich für die Verse wie schon in Phase 2 viel Zeit.

Tauschen Sie sich mit Ihren Unterstützern regelmäßig darüber aus, welche Sorgen Sie in den vergangenen Wochen belastet haben und inwieweit das Abgeben an Gott gelungen ist.

Übung: Stecken Sie sich jeden Morgen mehrere leere Zettel in die linke Hosentasche. Sobald ein Sorgengedanke aufkommt, schreiben Sie ihn auf einen der Zettel und sprechen Sie ein Sorgen-Übergabe-Gebet. Dann stecken Sie den beschriebenen Zettel in die rechte Hosentasche. Am Abend legen Sie alle Sorgenzettel in einen Korb oder eine Schale und übergeben sie symbolisch an Gott, indem Sie diese beispielsweise vor ein Kreuz legen. Dabei sprechen Sie erneut Ihr Sorgen-Übergabe-Gebet. Ein Sorgen-Übergabe-Gebet könnte z. B. lauten:

»Meine Sorgen, klein und groß
vertrau ich dir und lass sie los.«

Achten Sie darauf, dass Sie mit den Händen entsprechende Gesten machen und die Sorgen auch wirklich loslassen (offene Hände).

Phase 4: Entschlüsse fassen (Wochenende/Tag)

Gehen Sie für ein Wochenende oder einen Tag in die Stille. Hier können Sie noch einmal die Sorgenrede meditieren und Ihre bisherigen Einsichten vor Gott vertiefen. Versuchen Sie, klar zu erfassen, was Sie erreichen möchten, und formulieren Sie Ihre Absicht konkret und schriftlich. Vielleicht tun Sie dies in Form einer Vereinbarung, die Sie mit Gott treffen, etwa so:

Mein Gott,

ich will mich nicht mehr von meinen Sorgen bestimmen lassen. Ich will dem Grübeln und der Angst keinen Raum geben. Ich glaube dir, dass du mich liebst und weißt, was ich brauche. So gebe ich alle meine Sorgen an dich ab. Ich will dir in allen Lebensbereichen von ganzem Herzen vertrauen. Bitte hilf mir dabei, im Namen von Jesus.

Amen.

Phase 5: Vertrauen wagen (6-12 Wochen)

Lesen Sie mit Ihren Unterstützern einige Texte aus der Bibel über Menschen, die Vertrauen gewagt und Sorgen überwunden haben. Besprechen Sie, was das für Ihr Leben und Ihr Vertrauen bedeutet. Tauschen Sie sich über Ihre eigenen Erfahrungen mit Gottes Versorgung aus (s. u.).

- Abrahams Glaube und die Sorge um die Zukunft (1. Mose 12): Abraham wusste nicht, wie seine Zukunft aussehen würde, wagte aber vertrauensvoll den Aufbruch.

- Hannas Glaube und die Sorge um die Kinder (1. Samuel 1): Die so lange kinderlose Hanna gibt ihr einziges Kind an Gott ab. Ihr Verhalten steht gleichnishaft für das Loslassen der eigenen Kinder oder anderer Angehöriger, indem wir sie der Sorge Gottes anvertrauen.

- Davids Glaube und Sorgen wegen Feinden (1. Samuel 24): Mehrfach verschont David König Saul, obwohl dieser ihn töten will. Er vertraut darauf, dass Gott für ihn sorgt und ihm das verheißene Königtum geben wird.

- Witwenglaube und die materielle Sorge (1. Könige 17): Die Witwe von Sarepta gibt dem Propheten Elia zu essen, obwohl sie selbst nichts mehr hat, und erfährt, wie Gott sie wundersam versorgt.

- Josias Glaube und die Sorge um das Wort Gottes (2. Könige 22): König Josia »trachtet zuerst nach dem Reich Gottes« und sorgt dafür, dass das wiederentdeckte Wort Gottes im Volk zur Geltung kommt. Es wird ein großes Fest gefeiert.
- Glaube in guten und in schlechten Zeiten (Psalm 23): Der Psalmist drückt in berührenden Bildern sein Vertrauen zu Gott aus. In allen Lebenslagen, auf grüner Aue und im finstern Tal, ist er in Gott geborgen und frei von Sorgen.

Übungen:
- Lernen Sie Psalm 23 auswendig und beten Sie ihn täglich.
- Notieren Sie täglich in Ihrem Tagebuch, in welchen Situationen Sie Gottes Versorgung erlebt haben. Tauschen Sie sich mit Ihren Unterstützern darüber aus.
- Suchen Sie ein Lied, das Vertrauen zum Ausdruck bringt. Lassen Sie das Lied zu Ihrem Ohrwurm werden.

Phase 6: Aktion (Wochenende/Tag)

Fahren Sie mit Ihrer Gruppe oder allein zu einem Angebot, wo Vertrauen eingeübt wird: zu einem Klettergarten-Adventure, einer herausfordernden Wanderung in den Bergen, einem Paragliding-Kurs oder einem Segeltörn. Wer es weniger aufwendig machen will, kann auch als Gruppe unter Anleitung einige Vertrauensspiele machen: Blindenführung, Sich-fallen-Lassen und Ähnliches.

Der leibhaftige Vollzug von Vertrauensschritten stärkt Ihre Fähigkeit, auch im Alltag Vertrauen zu wagen. Dafür sollte die Aktion Sie aus der Komfortzone herausführen. Gehen Sie an Ihre Grenze, weiten Sie diese etwas, aber überfordern Sie sich nicht.

Phase 7: Krise und Vertiefung (4-8 Wochen)

Es kann passieren, dass Ihr Vertrauen in die Krise kommt. Sie erleben, dass sich eine Befürchtung bewahrheitet, dass etwas Schlimmes geschieht, obwohl Sie diese Sache doch Gott anvertraut haben. Manchmal lässt Gott Dinge geschehen, die wir nicht verstehen, und es fühlt sich an, als ob wir Gott egal wären. In solchen Momenten kann das aufkommende Vertrauen wanken und zerbrechen. Das haben auch die Menschen der Bibel erlebt.

Beschäftigen Sie sich allein oder in der Gruppe mit Bibeltexten, in denen der Glaube in eine Krise geraten ist, und erfahren Sie, wie man durch die Krise hindurchkommen kann. Folgende Texte sind hilfreich:

- 1. Mose 15,1-6: Abrahams Glaube kommt in die Krise, weil sich Gottes Verheißung, dass er ein Kind bekommen wird, nach vielen Jahren noch nicht erfüllt hat. Sein Vertrauen scheint gebrochen. Doch dann macht er sich erneut an Gottes Zusage fest und glaubt ihm.

- Psalm 73: Der Beter des Psalms erfährt, dass es den Frommen schlecht und den Gottlosen gut geht. Sein Weltbild bekommt Risse und sein bisheriger Glaube droht zu schwinden. Doch dann entschließt er sich zu einem »Dennoch-Glauben«. Er hält sich an Gott fest, auch wenn seine momentanen Erfahrungen seinem Glauben zu widersprechen scheinen.

- Matthäus 26,36-46: Jesus zeigt sich hier als wahrer Mensch. Er will das Leiden nicht und hat Angst vor dem Weg, der vor ihm liegt. Aber am Ende dieses Ringens vertraut er sich neu dem Willen Gottes an.

- 2. Korinther 12,7-10: Paulus leidet unter einer Krankheit, die starke Schmerzen verursacht. Dreimal betet er vergeblich um Heilung, dann akzeptiert er Gottes Antwort.

Übungen:

- Formulieren Sie Ihr persönliches Dennoch-Gebet, in dem Sie Ihre eigenen Zweifel und Enttäuschungen aufgreifen und ein »Dennoch« formulieren. Sprechen Sie dieses Gebet in den folgenden Wochen täglich. Ein Dennoch-Gebet könnte z. B. so aussehen:

  Mein Vater,
  ich erlebe gerade so viel Schweres ... (Benennen Sie konkret, was Sie belastet und enttäuscht). Das alles scheint gegen deine guten Zusagen zu sprechen.
  Ich will dir dennoch vertrauen, trotz allem. Dennoch bleibe ich stets bei dir. Denn du hältst mich bei meiner rechten Hand.
  Amen.

- Notieren Sie in Ihrem Tagebuch, wo Sie Gottes Versorgung erleben und welche Sorgen, Zweifel und Irritationen Sie an Gott abgeben.

Abschluss: Vertrauensfest

Feiern Sie zum Abschluss dieser Zeit, in der Sie neu Vertrauen eingeübt haben, ein Vertrauensfest mit Ihren Unterstützern. Vielleicht wollen Sie auch Freunde und Verwandte einladen oder andere Menschen aus der Gemeinde. Bei dem Fest wird natürlich gut gegessen und getrunken. Hören oder singen Sie Lieder, die Sie in diesen Monaten begleitet haben. Rezitieren Sie noch einmal die Sorgenrede und Psalm 23.

Nehmen Sie sich Zeit, um von Ihren Erfahrungen mit dem Abgeben der Sorge und dem Vertrauen-Wagen zu erzählen. Erinnern Sie sich an schöne Begebenheiten. Lassen Sie nicht aus, wo es schwierig war oder weiter schwierig ist. Feiern Sie all die Momente, wo Sie Sorgen tatsächlich losgeworden sind und wo Ihr Vertrauen gewachsen ist. Danken Sie Gott für all den Segen, den Sie in dieser Zeit empfangen haben.

Als Zeichen und Erinnerung bekommen alle Teilnehmer eine Pflanze oder ein Bäumchen, das sie im Garten einpflanzen oder ins Zimmer stellen können.

Schreiben Sie zum Schluss auf ein schönes Blatt Papier, was Sie aus diesem Jahr mitnehmen und nie vergessen wollen.

LITERATUR ZUR BEGLEITUNG UND VERTIEFUNG

Lucado, Max: Denn er ist gut zu dir. Vertraue dem, der die Welt in seiner Hand hält. Asslar 2019.
Ein Buch mit tiefen Einsichten in die Vertrauenswürdigkeit Gottes und praktischen Impulsen, dieses Vertrauen einzuüben.

Eckstein, Hans-Joachim: Sorge dich nicht, vertraue! Holzgerlingen 2021.
Ein sprachlich feines, meditatives und seelsorgerliches Buch, das einfühlsam durch Zeiten der Sorge und des Zweifels begleitet.

Hilbrands, Gretchen: Schluss mit dem Gedankenkarussel. Gießen 2019.
Das Buch bietet biblisch fundierte, praktische Tipps, wie man aus Grübeleien und dem Kreisen um die eigenen Sorgen herausfindet.

2. Gottes Barmherzigkeit entdecken und teilen

Wenn man den Charakter von Jesus mit einem einzigen Adjektiv bezeichnen sollte, wäre es wohl das Wort »barmherzig«. Immer wieder berichten die Evangelien, dass Jesus sich Not leidenden Menschen und Bedürftigen aller Art zugewendet hat: Er heilte Kranke und von Dämonen Belastete, tröstete Trauernde, nahm Ausgestoßene und von der Gesellschaft Verachtete auf. Er hob Kinder auf den Arm und hatte auch mit denen Mitleid, die in Reichtum und Stolz gefangen waren. Er gab Pläne auf und verzichtete auf Essenspausen und Schlaf, weil Menschen seine Hilfe brauchten. Die Not anderer Menschen berührte sein Herz und wühlte sein Innerstes auf.[73] In der Barmherzigkeit von Jesus sehen wir das Wesen von Gott, dem »Vater der Barmherzigkeit« (2. Korinther 1,3), dessen Mitleid angesichts des Elends der Menschen entbrennt (Hosea 11,8).

So wie Barmherzigkeit das Markenzeichen von Jesus war, soll es auch Kennzeichen seiner Jünger sein. Wie man in Jesus Gottes Barmherzigkeit erfahren konnte, so soll sie in seinen Nachfolgern sichtbar werden. Darum ruft er sie auf: »Seid barmherzig, wie auch euer Vater barmherzig ist« (Lukas 6,36).

Doch Barmherzigkeit fliegt uns nicht einfach zu. Wer ein »Herz für die Armen« hat (das ist die Herkunft des Wortes) und sein Inneres für die Not anderer öffnet, macht sich verletzlich und wird leicht ausgenutzt. Wir neigen dazu, unser Herz zu verschließen, weil wir Angst vor Verletzungen haben und selbst nicht zu kurz kommen wollen. Wir werden hart durch enttäuschende Lebenserfahrungen und nehmen aufgrund ständiger Überreizung die Not anderer kaum wahr.

Es ist ein Lernweg, das Herz weich und weit für andere zu machen und uns von ihrer Not, wie immer sie aussieht, berühren zu lassen.

Barmherzig werden ist ein lebenslanger Prozess. Die Sensibilisierung unserer Wahrnehmung und die Weitung unserer Erfahrungen spielen dabei eine wichtige Rolle. Entscheidend ist jedoch, dass wir Gottes Barmherzigkeit an uns selbst erfahren. Das setzt voraus, dass wir unsere eigene Bedürftigkeit wahrnehmen und eingestehen: unsere Schuld und unsere Wunden. Wer keine Barmherzigkeit erfahren hat, wird schwerlich anderen barmherzig begegnen.

Ein Prozess, der uns barmherziger werden lässt, könnte so aussehen:

Phase 1: Vorbereitung (4 Wochen)

Fangen Sie an, sich mit dem Thema Barmherzigkeit zu befassen. Hören Sie Vorträge, Predigten oder Podcasts, lesen Sie Texte und schauen Sie sich um. So sammeln Sie erste Erkenntnisse und der innere Motor kommt in Fahrt.

Suchen Sie nach einem Bild, das Ihr Ziel zum Ausdruck bringt: ein Foto aus einer Zeitung, ein Gemälde, ein Gegenstand, den Sie mit Barmherzigkeit verbinden. Stellen oder hängen Sie das Bild an Orte, auf die Ihr Blick oft fällt: an den Kühlschrank oder Laptop, an den Spiegel oder auf den Nachttisch.

Suchen Sie sich eine Unterstützergruppe. Vielleicht lässt sich der ganze Hauskreis für das Thema begeistern oder Sie finden zwei, drei Menschen aus der Gemeinde, die den Weg mit Ihnen gehen. Vielleicht gibt es einen Begleiter, der Sie unterstützen kann. Es kostet Mut, Menschen um Begleitung zu bitten, und es kann zu Enttäuschungen kommen. Aber es lohnt sich, die eigenen Hemmungen zu überwinden und Menschen anzusprechen.

Phase 2: Sensibilisierung (6–12 Wochen)

In dieser Phase tauchen Sie in biblische Texte ein und nehmen intensiv die Barmherzigkeit von Jesus wahr. Lesen Sie in Ihrer Gruppe sechs Evangelientexte und beobachten Sie genau, wie sich hier die Barmherzigkeit von Jesus zeigt. Schauen Sie aber auch auf Ihr Umfeld: Wo gibt es ähnliche Situationen, ähnliche Nöte, ähnliche Möglichkeiten, barmherzig zu handeln? In der Gemeinschaft vertiefen Sie Erkenntnisse, weiten den Horizont und motivieren sich gegenseitig.

DIE FOLGENDEN TEXTE ZEIGEN VERSCHIEDENE ASPEKTE VON BARMHERZIGKEIT BESONDERS GUT.

▶ Markus 3,1–6: Barmherzigkeit nimmt die Not der Menschen ernster als die Konventionen.

▶ Markus 7,31–37: Barmherzigkeit scheut keinen Körperkontakt.

▶ Markus 8,1–9: Barmherzigkeit denkt sich in andere hinein und stellt eigene Bedürfnisse zurück.

▶ Matthäus 9,35–38: Barmherzigkeit sieht die innere geistliche Not von Menschen.

▶ Johannes 8,2–11: Barmherzigkeit wirft keine Steine und verurteilt nicht.

▶ Markus 1,32–39: Barmherzigkeit kann Grenzen ziehen und lässt sich nicht vereinnahmen.

Übungen:

- Notieren Sie täglich in einem Tagebuch Antworten auf die folgenden Fragen: Wo habe ich heute Not wahrgenommen? Hat das in irgendeiner Weise mein Herz berührt? Was genau habe ich empfunden?
- Tauschen Sie sich in Ihrer Unterstützergruppe über Ihre Beobachtungen aus.

Phase 3: Entschlüsse fassen (Wochenende/Tag)

Fahren Sie an einen Stille-Ort. Meditieren Sie dort intensiv das Gleichnis vom barmherzigen Samariter (Lukas 10,25-37). Lesen Sie es mehrfach und versuchen Sie, sich das Geschehen so genau wie möglich vorzustellen. Es kann sehr hilfreich sein, ein Bild von dem Gleichnis zu malen oder es auf andere Weise kreativ auszudrücken. Vielleicht malen Sie sich selbst in den Samariter hinein und stellen sich vor: Das bin ich. So handle ich! Oder Sie schreiben die Geschichte in der Ich-Form auf, als hätten Sie diese selbst erlebt. Vor 2000 Jahren oder heute, in Prosa oder Gedichtform, der Kreativität sind keine Grenzen gesetzt!

Fassen Sie am Ende dieser Zeit einen Entschluss und formulieren Sie ihn schriftlich.

Phase 4: Ausprobieren und imitieren (3-6 Monate)

Lesen Sie in Ihrer Unterstützergruppe gemeinsam Biografien oder stellen Sie sich gegenseitig Porträts von barmherzigen Menschen vor, zum Beispiel von Mutter Teresa, Franziskus, Shane Claiborne oder Sabine Ball.

Entwickeln Sie miteinander Ideen: Wo könnten Sie Barmherzigkeit praktisch üben? Wo gibt es in Ihrem Umfeld Not und Bedürfnisse und wie könnten Sie darauf reagieren?

Übungen:
- Helfen Sie einer Person, arbeiten Sie irgendwo mit, besuchen Sie jemanden. Tauschen Sie sich anschließend in Ihrer Gruppe über Ihre Erfahrungen aus. Ermutigen Sie sich gegenseitig, feiern Sie Gelungenes, reflektieren Sie Scheitern und überlegen Sie, was Sie besser oder anders machen könnten. Wenn wir es uns erlauben, Fehler zu machen, bietet uns das vielfältige Chancen, etwas zu lernen!
- Tragen Sie als Erinnerung an Ihr Ziel ein Armband mit der Aufschrift Lukas 6,36.
- Schreiben Sie auf eine Karte ein Gebet um Barmherzigkeit und sprechen Sie es täglich. Das Gebet könnte zum Beispiel so lauten:

Herr, mein Gott,
rühre heute meine Augen an, dass ich die Not anderer sehen kann. Und mache heute mein Herz weich, dass die Not anderer mich erreicht.
Danke.

Aktion (Wochenende/Tag)

Besuchen Sie mit Ihrer Unterstützergruppe einen Ort der Barmherzigkeit. Das kann eine diakonisch-karitative Einrichtung sein, wo kranken, armen, hilfsbedürftigen oder gescheiterten Menschen mit Liebe begegnet wird. Wenn es möglich ist, packen Sie selbst irgendwie mit an.

Oder besuchen Sie einen Menschen, der in besonderer Weise Barmherzigkeit ausstrahlt und Ihnen zum Vorbild werden kann.

Kontemplation (1 Woche)

Gehen Sie noch einmal in die Stille. Wenn möglich sollten es diesmal mehrere Tage, am besten eine ganze Woche sein. Sehr hilfreich ist es, wenn Sie in dieser Zeit seelsorgerlich begleitet werden.

Schauen Sie Ihr eigenes Herz an. Seien Sie dankbar für das Gute, was Sie sehen. Nehmen Sie aber auch die Verhärtungen, Wunden und dunklen Seiten wahr. Überlegen Sie, wo diese dunklen Dinge herkommen. Gestehen Sie sich selbst und Gott Ihre Schuld ein. Sprechen Sie mit Ihrem Begleiter über diese Dinge, legen Sie vor ihm die Beichte ab, wenn Sie möchten, und lassen Sie sich Gottes Vergebung zusprechen.

Phase 5: Vertiefung (4–8 Wochen)

Lesen Sie in der Gruppe Texte, die über Gottes Barmherzigkeit uns Menschen gegenüber sprechen. Lassen Sie in der Beschäftigung mit diesen Texten Gottes Liebe Ihr Herz berühren. Lassen Sie sich von Gottes Barmherzigkeit anstecken. Weil Gott mit uns barmherzig ist, können wir auch mit uns selbst barmherzig sein. Erkennen Sie Ihre Grenzen an und lernen Sie, zu akzeptieren, dass Sie nicht jedem helfen und nicht jede Not lindern können.

- Psalm 103: Das Hohelied auf die Barmherzigkeit Gottes
- Jeremia 31,15-20: Wenn Gott das Herz bricht
- Hosea 11,1-11: Gottes leidenschaftliche Liebe
- Lukas 15,11-32: Das Gleichnis vom barmherzigen Vater

Übung: Setzen Sie die bisherigen Übungen fort, sprechen Sie weiter Ihr tägliches Gebet, helfen Sie praktisch Menschen in Ihrer Umgebung und halten Sie in Ihrem Tagebuch Ihre Wahrnehmungen fest.

Abschluss: Barmherzigkeits-Party

Feiern Sie mit Ihrer Unterstützergruppe und, wenn Sie möchten, mit weiteren Freunden eine ausgelassene Barmherzigkeits-Party! Leckeres Essen und edle Getränke gehören dazu. Genießen Sie Gottes Gaben, hören Sie schöne Musik und singen Sie miteinander. Nehmen Sie sich Zeit, sich Geschichten zu erzählen von dem, was Sie in dieser Zeit erlebt haben und was Sie daraus mitnehmen wollen. Vielleicht gibt es eine Dia-Show mit Bildern von besonderen Momenten oder ein paar Videoaufnahmen, die bei der Erinnerung helfen? Danken Sie Gott für alles Gute, was Sie erlebt haben. Sprechen Sie gemeinsam Psalm 103 und loben Sie Gott für sein weites Herz.

LITERATUR ZUR BEGLEITUNG UND VERTIEFUNG

Halfmann, Volker: Wer fühlt, was er sieht, der tut, was er kann. Witten 2021.
Der Pastor und Suchtberater Volker Halfmann beschreibt aus eigener Erfahrung, wie das Erleben von Barmherzigkeit unser Herz weitet, die Augen öffnet und zum Handeln befreit.

Siggelkow, Bernd: Seid barmherzig, wie auch euer
Vater barmherzig ist. Witten 2020.
Der Gründer und Leiter des christlichen Kinderhilfs-
werks »Die Arche« Bernd Siggelkow zeigt in diesem
Buch, wie Barmherzigkeit praktisch aussehen kann.

Papst Franziskus: Der Name Gottes ist Barmherzigkeit.
München 2016.
In seinem ersten Buch schreibt Papst Franziskus über
das, was ihm ein besonderes Anliegen ist und was er
zu leben versucht: Gottes Barmherzigkeit soll Marken-
zeichen der Kirche werden.

3. Dankbarkeit als Lebenshaltung

Dankbarkeit ist eine Lebenshaltung, die aus dem Glauben an den
dreieinigen Gott erwächst und enorm positive Auswirkungen hat:
auf die Gottesbeziehung, auf die Beziehung zur Umwelt und zu mir
selbst.

In der Heiligen Schrift werden wir an vielen Stellen aufgefordert, Dank zu sagen und dankbar zu sein. »Wer Dank opfert, der
preiset mich, und da ist der Weg, dass ich ihm zeige das Heil Gottes« (Psalm 50,23). Wenn wir Gott Danke sagen, ehren wir ihn als
den Geber aller Gaben. Das bringt uns in das richtige Verhältnis
zu unserem Schöpfer.

Gleichzeitig ist Danken ein Weg, auf dem etwas heil wird.
Zahlreiche Studien belegen, dass Dankbarkeit die Lebensqualität
erhöht. Dankbare Menschen sind zufriedener und gesünder, sie
empfinden höheres Lebensglück und kommen mit ihren Mitmen-

schen besser zurecht. Dennoch fällt es vielen Menschen schwer, in einer Haltung der Dankbarkeit zu leben. Bei nicht wenigen dominieren Bitterkeit und Groll die Gemütslage, und das Danken, falls vorhanden, wirkt aufgesetzt.

Wie will Gott in diesem Bereich unser Leben verwandeln? Wie können wir lernen, wirklich und von Herzen dankbar zu sein? Der hier skizzierte Pfad zur Dankbarkeit nimmt Erkenntnisse und Anregungen aus dem oben erwähnten Dankbarkeitstraining von Henning Freund und Dirk Lehr auf.[74]

Während die beiden anderen Beispiele für eine Einzelperson oder eine kleine Gruppe zusammengestellt wurden, beschreibe ich diesmal einen Lernprozess, den eine ganze Gemeinde geht.

Wenn man sich als ganze Gemeinde über einen längeren Zeitraum einem Thema widmet, kann das eine große Dynamik auslösen. Die vielen Menschen, die an diesem Prozess beteiligt sind, inspirieren und motivieren sich gegenseitig. Auf dem Weg werden die unterschiedlichsten Entdeckungen und Erfahrungen gemacht, die gemeinsam reflektiert und vertieft werden können. Die Einübung in Dankbarkeit verändert das Klima in der Gemeinde spürbar zum Guten. Stellen Sie sich nur einmal vor, wie die Nörgelei verstummt und Dankbarkeit den Umgangston bestimmt!

Vielleicht sind Sie im Pfarramt, ein Pastor oder haben eine Leitungsverantwortung in Ihrer Gemeinde. Dann können Sie die Initiative ergreifen, um diesen Prozess anzustoßen. Vielleicht sind Sie aber auch ein normales Gemeindeglied. Dann schlagen Sie doch Ihrer Gemeindeleitung vor, sich mit dem Thema Dankbarkeit zu befassen.

Ablauf

Bei diesem Thema brauchen Sie einen langen Atem. Echte Veränderung werden Sie nur sehen, wenn Sie bereit sind, einen längeren Übungsweg zu gehen. Ich schlage daher für die Gestaltung des Themas zwei Predigtreihen mit jeweils drei Einheiten vor. Die Lehreinheiten können natürlich ebenso im Rahmen von Abendseminaren oder Ähnlichem stattfinden.

In der ersten Predigtreihe soll den Menschen bewusst werden, welche Kraft Dankbarkeit hat. Durch das Danken wird ihre Wahrnehmung geschärft und sie sehen, wie viel sie jeden Tag empfangen. Dadurch wird die Gottesbeziehung intensiviert. Sie erfahren Gott als den, der sie täglich beschenkt, und sind durch das Danken immer wieder im Gespräch mit ihm. Dies führt zu einem höheren Maß an Zufriedenheit und Lebensfreude, denn wer sich als reich beschenkt wahrnimmt, sieht sein Leben in einem positiveren Licht.

Alle diese Auswirkungen der Dankbarkeit lassen sich gut biblisch nachweisen und mit Beispielen anschaulich machen. Indem Sie den Menschen Ihrer Gemeinde die Wirkung der Dankbarkeit vor Augen malen, kann in ihnen Sehnsucht geweckt werden und eine hohe Motivation entstehen, sich auf dieses Thema einzulassen.

In der zweiten dreiteiligen Predigtreihe geht es um den Grund der Dankbarkeit. Hier können Sie zunächst auf Gott als den Geber aller Gaben verweisen. Grund zur Dankbarkeit finden Sie, wenn Sie die Aufmerksamkeit auf die kleinen Geschenke Gottes im Alltag richten. Zum Grund der Dankbarkeit gehört allerdings auch, dass Sie sich dem stellen, was das Danken schwer macht: dem Leid. Wie kann man in einer leidvollen Situation dennoch dankbar sein?

In den Gottesdiensten können Sie ab und an Menschen Gelegenheit geben, von den Erfahrungen, die sie im Laufe des Prozesses machen, zu erzählen. Wenn diese Berichte authentisch sind, können sie modellhaften Charakter bekommen und andere zur Nachahmung anregen.

Nach den Predigtreihen treffen sich Kleingruppen oder Zweier-teams, um das Gehörte zu vertiefen. Sie lesen biblische Texte oder ein Buch zum Thema, erzählen sich von eigenen Erfahrungen, geglückten und gescheiterten, und ermutigen sich gegenseitig zu einem Leben in Dankbarkeit.

Neben den Lehreinheiten und Gruppentreffen gibt es einen Kreativ-Abend. Bisher wurde bei dem Thema viel gedacht, das Kognitive stand im Vordergrund. An diesem Abend geht es um eine andere Zugangsweise zur Dankbarkeit.

Eine wichtige Ergänzung zu Lehre, Austausch und Kreativität sind Übungen, die jeder für sich praktizieren kann. Diese Übungen sind eine effektive Hilfe, um den Fokus zu verändern, die Wahrnehmung zu erweitern und dem Gefühl der Dankbarkeit Raum zu geben.

Der krönende Abschluss des ganzen Prozesses ist ein Dank-Fest, das alle mitgestalten.

Im folgenden Raster sehen Sie, wie man einen solchen Dankbarkeitsprozess strukturieren könnte:

Phase 1: Erste Predigtreihe (3 Wochen)

VON DER KRAFT DER DANKBARKEIT

Predigt 1: Dankbarkeit führt zu einer bewussteren Wahrnehmung

Predigt 2: Dankbarkeit intensiviert die Gottesbeziehung

Predigt 3: Dankbarkeit führt zu größerer Zufriedenheit und Freude

Phase 2: Treffen in Kleingruppen/Tandems (6-12 Wochen)

Lesen Sie in den sechs Treffen gemeinsam Bibeltexte, in denen es um Dankbarkeit geht:

- Psalm 104: Entdecken Sie Gott als den Schöpfer, von dem alles kommt
- Lukas 17,11-19: Danken geschieht nicht automatisch
- Psalm 107: Vom Danken in allerlei Lebenssituationen
- Epheser 5,15-20: Dankbarkeit als Lebensstil
- Psalm 103: Vergiss nicht, was Gott dir Gutes getan hat!
- 1. Thessalonicher 5,14-22: Dankbarkeit in allen Umständen

Erzählen Sie sich vor oder nach dem Gespräch über den Bibeltext, was Sie in der zurückliegenden Woche erlebt haben und wofür Sie dankbar sind.

Kreativ-Abend: An diesem Gemeindeabend werden Sie kreativ. Hier geht es weniger um kognitive Reflexion. Lassen Sie Ihre Fantasie spielen und haben Sie einfach viel Spaß miteinander. So werden die Emotionen berührt und die Motivation verstärkt.

Nach einer Zeit des Ankommens stimmen Sie sich mit Musik und Liedern ein. Ein paar Grundgedanken aus der letzten Predigtreihe können noch einmal kurz ins Bewusstsein gehoben werden. Dann teilen sich die Teilnehmenden nach ihren Interessen in einzelne Kreativgruppen auf.

Eine Gruppe gestaltet zum Beispiel auf edlem Papier mit feinen Stiften schöne Dank-Karten, auf denen ein nettes Zitat zum Thema oder ein passender Bibelvers steht. Eine andere Gruppe bastelt aus alten Illustrierten eine Dank-Collage, eine weitere malt auf einem großen Tonpapierbogen ein Bild oder legt ein Mosaik und eine vierte dichtet einen Liedtext (den sie später vorträgt).

Wahrscheinlich fallen Ihnen noch viel mehr und schönere Ideen ein, wie man Dankbarkeit kreativ umsetzen kann.

Phase 3: Zweite Predigtreihe (3 Wochen)

VOM GRUND DER DANKBARKEIT

Predigt 1: Gott ist der Geber aller Gaben

Predigt 2: Die kleinen Geschenke im Alltag wahrnehmen

Predigt 3: Dankbarkeit im Leid – wie kann das gehen?

Phase 4: Treffen in Kleingruppen/Tandems (6-12 Wochen)

Lesen Sie als Gruppe ein Buch zum Thema und tauschen Sie sich darüber aus. Vorschläge finden Sie in den Literaturtipps am Ende des Kapitels.

Inventur-Tag (während Phase 4): Gehen Sie einen Tag allein in Klausur. Am besten ist es, wenn Sie sich einen ganzen Tag dafür freinehmen, aber auch einige Stunden der Inventur können guttun.

Reflektieren Sie Ihr Leben: Wofür kann ich dankbar sein? Was wurde mir geschenkt?

1. Korinther 4,7 dient als Maßstab: Alles, was wir haben, ist uns von Gott gegeben! Betrachten Sie Ihren Körper, die einzelnen Glieder und Organe, und danken Sie Gott für dieses Wunderwerk. Schauen Sie Ihre Fähigkeiten und Gaben an und staunen Sie, was Sie sind und können. Denken Sie an die Menschen, mit denen Sie verbunden sind, die Sie lieben und von denen Sie geliebt werden, von denen Sie lernen und an denen Sie sich reiben können. Betrachten Sie Ihren Besitz, Ihren Beruf, die Wohnung. Erinnern Sie sich daran, was es bedeutet, Kind Gottes zu sein, von ihm geliebt, getragen zu werden und eine Zukunft bei ihm im Himmel zu haben.

Alles, was Sie bei diesen Betrachtungen entdecken, alles, was Ihnen geschenkt ist, listen Sie wie bei einer Lebensinventur in Ihrem Tagebuch auf. Danken Sie Ihrem Schöpfer für jede einzelne seiner Gaben.

Dank-Fest

Das Dank-Fest ist der krönende Abschluss des gemeinsamen Übungsweges. Hier werden Erkenntnisse zusammengefasst und wiederholt. Hier wird aber vor allem das Danken vollzogen und verleiblicht. Dankbarkeit entsteht ja, indem wir unseren Dank ausdrücken. Bei dieser Feier ist reichlich Gelegenheit dazu. Es ist ein richtiges Fest, mit schöner Deko und leckerem Essen. Hören Sie festliche Musik, singen Sie Danklieder und erzählen Sie sich von Ihren Erfahrungen mit dem Danken.

Als Höhepunkt gestalten Sie einen Erntedank-Baum: Jeder schreibt seine Entdeckungen und Erfahrungen auf Papierfrüchte und hängt diese an den Baum. Nehmen Sie sich Zeit, um Gott für all das zu danken, was er Ihnen in den zurückliegenden Monaten geschenkt hat.

Übungen: Während der verschiedenen Phasen praktizieren Sie folgende Übungen:

- *Tagebuch:* In einem Dankbarkeits-Tagebuch notieren Sie jeden Abend, wofür Sie heute dankbar sind. Das kann zum Augenöffner werden! Wenn Sie regelmäßig auf den Tag zurückschauen und die Aufmerksamkeit auf das fokussieren, was Ihnen geschenkt worden ist, verändert sich Ihre Wahrnehmung und Sie merken, wie reich beschenkt Sie sind.

- *»Erbsen zählen«:* Eine vertiefende Übung ist das »Erbsenzählen«. Legen Sie jeden Morgen fünf trockene Erbsen in die linke Hosentasche. Wenn Sie im Laufe des Tages etwas wahrnehmen oder erleben, das ein Grund zur Dankbarkeit ist, nehmen Sie eine der Erbsen und legen Sie diese in die rechte Hosentasche. Am Abend können Sie die Erbsen zählen und die Ergebnisse im Tagebuch festhalten.

- *Dank-Fotos machen:* Statt der Erbsen können Sie ein Foto zur Erinnerung machen. Einfach die hübsche Blume oder den guten Latte macchiato fotografieren! Abends schauen Sie sich die Bilder an und schreiben Ihre Erlebnisse ins Tagebuch.

- *Danken:* Beim Anschauen der Fotos, beim Erbsenzählen oder nach dem Tagebucheintrag sagen Sie Gott Danke für jeden einzelnen schönen Moment, den er Ihnen geschenkt hat. Das Dankgebet am Abend kann zu einem festen Ritual werden.

- Vielleicht denken Sie ja auch schon tagsüber in den schönen Momenten daran, Gott zu danken. »Danke für den

Sonnenaufgang. Danke für den Regen. Danke, dass ich noch rechtzeitig bremsen konnte. Danke für die nette Kassiererin im Supermarkt. ...«

- *Morgenlob:* Sie können den Tag mit einem Dankgebet oder einem Danklied beginnen, so nehmen Sie ihn als ein Geschenk aus Gottes Hand. Ein einfaches Gebet am Morgen könnte folgendermaßen lauten:

Herr,
ich danke dir für die Ruhe der Nacht und das Licht des neuen Tages. Danke, dass mein Herz schlägt und mein Körper lebendig ist. Nun liegt ein neuer Tag vor mir, wie ein Geschenk aus deiner Hand, wie ein Raum, den ich betreten kann. Hilf mir, diesen Tag in deinem Sinne zu gestalten! Du bist da und gehst mit mir. Ich freue mich auf diesen Tag mit dir!
Amen.

LITERATUR ZUR BEGLEITUNG UND VERTIEFUNG

Freund, Henning/Lehr, Dirk: Dankbarkeit in der Psychotherapie. Ressource und Herausforderung. Göttingen 2020.
Ein wissenschaftlich fundiertes, aber allgemein verständlich geschriebenes Fachbuch mit hilfreichen Impulsen zur Wirkung der Dankbarkeit und praktischen Tipps zur Einübung.

Gundlach, Anja und Martin: Danke! Ein kleines Wort
verändert Ihr Leben. Wuppertal 2015.
*In zwölf Impulsen zeigt das Autorenehepaar leicht ver-
ständlich auf, wie unser Alltag Stück für Stück von mehr
Dankbarkeit geprägt werden kann.*

Backhaus, Hanna: Dankbarkeit. Mein Schlüssel zum
Glück. Moers 2014.
*Mit Klugheit und Humor lädt dieses Buch ein, den Pers-
pektivenwechsel zur Dankbarkeit als Lebenshaltung zu
vollziehen.*

3

LANGER ATEM
UND GOTTES ANSCHUB

Geistliche Veränderungen vollziehen sich nicht im Sprint, sondern auf der Langstrecke. Benedikt hat ganz recht, wenn er davon spricht, dass man für das Einüben einer Tugend mit einem Jahr rechnen sollte. Vielleicht liegt hier die größte Schwäche in unserer Gemeindearbeit. Ständig wechseln die Themen und Angebote. Heute ein Impuls zur Barmherzigkeit, am nächsten Sonntag sprechen wir über Vertrauen und eine Woche später über Dankbarkeit. Mal gibt es eine Predigtreihe oder ein Gemeindeseminar zu einem bestimmten Thema, aber auch das ist nach wenigen Wochen beendet. Es fehlt die Kontinuität, die Fokussierung, das beharrliche und konsequente Dranbleiben. Deswegen hat man den Eindruck, dass alles Lehren und Tun so wenig Wirkung zeigt. Als Gemeindeleitungen und Gemeindeglieder brauchen wir längeren Atem und müssen in längeren Zeiträumen denken.

> Geistliche Veränderungen vollziehen sich nicht im Sprint, sondern auf der Langstrecke.

Wenn man so von Langstrecke und langem Atem spricht, klingt das möglicherweise ziemlich anstrengend, als wollten wir hier spirituellen Leistungssport betreiben. Tatsächlich hat Jesus seinen Anhängern nie versprochen, dass die Ausbildung bei ihm eine bequeme Sache ist. Umso wichtiger ist aber, dass wir uns an dieser Stelle bewusst machen: Bei allem Üben werden wir getragen von Gottes Gnade und angeschoben von der Kraft seines Geistes.

Ich möchte das mit einem Bild veranschaulichen: Als unsere Kinder das Fahrradfahren lernten, sind meine Frau und ich mit ihnen auf einen nahegelegenen Schulhof gegangen. Dort war eine große freie Fläche, wo sie üben konnten. Wir hielten ihnen das kleine Fahrrad, zeigten ihnen, wie sie aufsteigen und auf die Pedale treten können. Dann hielten wir von hinten den Sattel fest und einer von uns lief mit, während sie ihre ersten Fahrversuche machten. Auch nach den ersten gefahrenen Metern blieben wir ganz nah, rannten – so gut es ging – hinter dem Rad her, immer bereit, sie zu stützen oder aufzufangen, sobald sie ins Wanken kämen. Als Eltern wollten wir, dass sie fahren lernen. Es war uns wichtig. Aber natürlich mussten sie uns nichts beweisen. Wir standen nicht am Schulhofrand und schauten kritisch wie die Kampfrichter, die Noten vergeben. Wenn es nicht gleich klappte, hatten wir sie deswegen nicht einen Hauch weniger lieb. Wir wollten, dass sie fahren lernen, doch wir wollten es für sie, allein für ihr Wohl.

Genauso ist es mit der Einübung in den christlichen Glauben. Während wir ein neues, Jesus-gemäßes Verhalten ausprobieren, hält Gott uns den Sattel. Er läuft hinter uns her, wenn wir unsere ersten neuen Bewegungen machen. Er freut sich mit, wenn uns etwas gelingt. Er stützt uns, wenn wir wackeln. Er leidet mit, wenn wir fallen, und hilft uns neu auf die Beine, wenn wir am Boden liegen. Gott steht nicht als kritischer Beobachter am Schulhofrand unseres Lebens. Er gibt keine Noten auf unsere gute oder schlechte

Performance, sondern er ist mit uns unterwegs als unser Helfer und Freund.

Darum brauchen wir uns nicht unter Erfolgsdruck zu setzen. Wenn wir zu verbissen die Veränderung erreichen wollen, die wir anstreben, dann verkrampfen wir nur und erreichen das Gegenteil. Bei Gott gibt es keinen Erfolgszwang. Bei ihm können wir Jüngerschaft einüben, wie Kinder das Fahrradfahren lernen: mit spielerischer Ernsthaftigkeit, mit Leidenschaft und Leichtigkeit, getragen von unverdienter Liebe, geschoben von der sanften Kraft des Geistes. In dieser Haltung können wir üben, unverkrampft und voller Hingabe, damit Gottes Liebe mehr und mehr unser Herz verändert und der Glaube immer tiefer ins Leben greift.

ZUM ABSCHLUSS: LOSGEHEN

Am Anfang habe ich Ihnen von meiner kaputten Kupplung erzählt. Die Fahrt zur Werkstatt war wirklich unangenehm. Mit dröhnendem Motor schlich ich voran und betete, dass ich nicht liegenbleibe. Aber schließlich erreichte ich die Werkstatt. Die Reparatur dauerte eine ganze Weile. Endlich war die neue Kupplungsscheibe eingebaut. Ich setzte mich ins Auto, zündete, gab Gas und ließ langsam die Kupplung kommen. Es war wunderbar, zu spüren, wie sich die Kraft des Motors sofort auf den Antrieb übertrug und der Wagen leise schnurrend davonglitt.

Genauso wunderbar fühlt es sich an, wenn durch Gottes Kraft unser Leben in Bewegung kommt. Wir müssen nicht auf der Stelle treten. Es muss nicht alles beim Alten bleiben. Der Glaube kann ins Leben greifen und uns real voranbringen. Veränderung ist möglich!

In diesem Buch haben Sie manche Impulse bekommen, wie das konkret geschehen kann. Sie haben eine Menge Informationen verarbeitet. Vielleicht ist eine Sehnsucht wach geworden oder ein Wunsch aufgekommen, etwas konkret in Ihrem Leben zu verändern.

Es könnte sein, dass Sie jetzt an dem Punkt angekommen sind, wo es gilt, eine Entscheidung zu treffen. Sie stehen am Rubikon. Es ist Zeit, aus der Theorie in die Praxis zu kommen.

Dann legen Sie dieses Buch zur Seite, stehen Sie auf und gehen Sie los, hinter Jesus her, unserem Meister. Darum: »Hab nur Mut! Steh auf, er ruft dich!« (Markus 10,49; NGÜ).

LITERATUR-
EMPFEHLUNGEN

Ahlbrecht, Jörg: Dem Leben Flügel geben – Die Kraft von geistlichen Übungen im Alltag. Witten 2017.

Barton, Ruth Haley: Sacred Rhythms – Arranging our Lives for Spiritual Transformation. Downers Grove 2006.

Bonhoeffer, Dietrich: Gemeinsames Leben. München 1986 (21. Auflage).

Bonhoeffer, Dietrich: Nachfolge. München 1987 (16. Auflage).

Bürki, Hans: Zweierschaft. Wuppertal 1959.

Deichgräber, Reinhard: Stufen des Glaubens – Stufen des Lebens. Gießen/Basel 2011 (3. Auflage).

Faix, Tobias/Wiedekind, Anke: Mentoring – Das Praxisbuch. Ganzheitliche Begleitung von Glaube und Leben. Neukirchen-Vluyn 2014.

Foster, Richard: Nachfolge feiern. Geistliche Übungen – neu entdeckt. Wuppertal/Kassel 1988 (2. Auflage).

Freund, Henning/Lehr, Dirk: Dankbarkeit in der Psychotherapie: Ressource und Herausforderung. Göttingen 2020.

Herbst, Michael: Lebendig – Vom Geheimnis mündigen Christseins. Holzgerlingen 2017.

Heywood, David: Kingdom Learning – Experiential and Reflective Approaches to Christian Formation. London 2017.

Kettling, Siegfried: Typisch evangelisch – Grundbegriffe des Glaubens. Gießen/Basel 1993 (2. Auflage).

Köster, Peter SJ: Geistliche Begleitung – Eine Orientierung für die Praxis. Sankt Otilien 2018 (4. Auflage).

Laird, Martin: Into the Silent Land – The Practice of Contemplation. Oxford 2016.

Loyola, Ignatius von: Geistliche Übungen – Übertragung und Erklärung von Adolf Haas. Freiburg/Basel/Wien 1967 (3. Auflage).

Merton, Thomas: Christliche Kontemplation – Ein radikaler Weg der Gottessuche. München 2012 (2. Auflage).

Mulholland, M. Robert: Invitation to a Journey – A Road Map for Spiritual Formation. Downers Grove 2016 (2. Auflage).

Ogden, Greg: Discipleship Essentials – A Guide to Building your Life in Christ. Downers Grove 1998.

Scazzero, Peter: Emotional gesunde Nachfolge: Kraftvolles Christsein leben – Tiefe Veränderung erfahren. Gießen 2022.

Schilling, Birgit: Verwandlung – Werden, wie Gott mich gedacht hat. Witten 2016.

Schönborn, Christoph Kardinal: Die Lebensschule Jesu – Anstöße zur Jüngerschaft. Freiburg/Basel/Wien 2013.

Storch, Maja/Krause, Frank: Selbstmanagement – ressourcenorientiert. Grundlagen und Trainingsmanual für die Arbeit mit dem Zürcher Ressourcen Modell (ZRM). Bern 2007 (4. Auflage).

Tiemann, Steffen: Tugenden – Kraftquellen für einen starken Charakter. Gießen 2016.

Willard, Dallas: Verwandle mein Herz – Wie Christus unsere Persönlichkeit prägen will. Gießen 2016 (2. Auflage).

Willard, Dallas: Gott – du musst es selbst erleben. Basel 2022.

Wright, Nicholas Thomas: Glaube – und dann? Von der Transformation des Charakters. Marburg 2011.

Zimmerling, Peter: Evangelische Spiritualität – Wurzeln und Zugänge. Göttingen 2003.

Zimmerling, Peter: Hirte, Meister, Freund – Überrascht von der Seelsorge Jesu. Gießen 2022.

ANMERKUNGEN

1 Vgl. Covey, Stephen: Die sieben Wege zur Effektivität. München 2020, S. 89.

2 Vgl. z. B. die Studie »unChristian« von David Kinnaman und Gabe Lyons aus dem Jahr 2007.

3 Merton, Thomas: Christliche Kontemplation – Ein radikaler Weg der Gottessuche. München 2012 (2. Auflage), S. 104-105.

4 Grethlein, Christian: Kommunikation des Evangeliums in der digitalen Gesellschaft – Impulsreferat auf der EKD-Synode vom 09.-12. 11. 2014 in Dresden, S. 4. https://www.ekd.de/synode2014/schwerpunktthema/ s14_iv_4_impulsreferat_grethlein.html (Abruf 21. 09. 2022).

5 Stark, Rodney: The Rise of Christianity – A Sociologist reconsiders History. New Jersey 1996.

6 Vgl. Faix, Tobias: Transformation. In: Brennpunkt Gemeinde, 4-2018, S. 10ff.

7 Luther, Martin: Von der Freiheit eines Christenmenschen. In: Ders.: Ausgewählte Werke. Band 2. München 1983, S. 284.

8 Bonhoeffer, Dietrich: Nachfolge. München 1987 (16. Auflage), S. 13f.

9 Kettling, Siegfried: Typisch evangelisch – Grundbegriffe des Glaubens. Gießen/Basel 1993 (2. Auflage), S. 37f.

10 Foster, Richard: Nachfolge feiern. Geistliche Übungen – neu entdeckt. Wuppertal/Kassel 1988 (2. Auflage), S. 14.
Einen guten Überblick über geistliche Übungen bietet Peter Zimmerling, einer der führenden evangelischen Theologen zum Thema Spiritualität im deutschsprachigen Raum. Vgl. Zimmerling, Peter: Evangelische Spiritualität – Wurzeln und Zugänge. Göttingen 2003. Praktische Impulse zu geistlichen Übungen finden sich bei Ahlbrecht, Jörg: Dem Leben Flügel geben – Die Kraft von geistlichen Übungen im Alltag. Witten 2017.

11 Ahlbrecht: Dem Leben Flügel geben. S. 142f.

12 Ebd., S. 36.

13 Künkler, Tobias: Warum guter Wille allein nicht hilft – Ein lerntheoretischer Blick auf geistliches Wachstum und Nachfolge. In: Faix, Tobias/Reimer, Johannes (Hg.): Transformationsstudien, Bd. 4: Die verändernde Kraft des Evangeliums. Marburg 2012, S. 283.

14 Schönborn, Christoph: Die Lebensschule Jesu – Anstöße zur Jüngerschaft. Freiburg/Basel/Wien 2013, S. 16.

15 Vgl. Willard, Dallas: The New Testament Picture of Discipleship. 2009.
https://renovare.org/articles/the-new-testament-picture-of-
discipleship (Abruf 05. 10. 2020).

16 Bonhoeffer: Nachfolge, S. 275.

17 Härle, Wilfried: Dogmatik. Berlin 2007, S. 518.

18 Peter Scazzero, Pastor in New York und Gründer des Zentrums für
emotionale Gesundheit und Spiritualität, hat sich aufgrund seiner
eigenen Lebensgeschichte intensiv mit dem Zusammenhang von
Nachfolge und psychischer Gesundheit befasst.
Buchempfehlungen zu diesem Thema: Scazzero, Peter: Emotional
gesunde Nachfolge – Kraftvolles Christsein leben. Tiefe Veränderung
erfahren. Gießen 2022; Schilling, Birgit: Verwandlung – Werden, wie
Gott mich gedacht hat. Witten 2016.

19 Herbst, Michael: Lebendig – Vom Geheimnis mündigen Christseins.
Holzgerlingen 2017, S. 22.

20 Luther, Martin: Von den guten Werken. In: Ders.: Ausgewählte Werke.
Band 2. München 1983, S. 36.

21 Vgl. dazu Zimmerling, Peter: Hirte, Meister, Freund – Überrascht von
der Seelsorge Jesu. Gießen 2022, S. 134.

22 Es ist sehr bedauerlich, dass in der Lutherübersetzung von 2017 das
griechische Wort für »zu Jüngern machen«, matheteuein, mit dem
blassen »lehren« übersetzt wurde. Matheteuein ist ein spezifischer
Begriff, der sich klar von didaskein (lehren) unterscheidet. Vgl. Gnil-
ka, Joachim: Das Matthäusevangelium. Zweiter Teil. Herders Kommentar zum Neuen Testament. Freiburg/Basel/Wien 1988, S. 509.

23 Deary, Vincent: Wie wir sind. Leben – Eine Anleitung. München 2015,
S. 317.

24 Bauer, Joachim: Selbststeuerung – Die Wiederentdeckung des freien
Willens. München 2015, S. 12.

25 Vgl. Spitzer, Manfred: Lernen – Gehirnforschung und die Schule des
Lebens. Heidelberg 2006, S. 94.

26 Vgl. Zimmerling: Evangelische Spiritualität, S. 43.

27 Zitiert nach Rang, Martin: Die Kirche in Vergangenheit und Gegen-
wart. Göttingen 1984 (7. Auflage), S. 113.

28 Merton, Thomas: Christliche Kontemplation, S. 25.

29 Zitiert nach Zimmerling: Evangelische Spiritualität, S. 40.

30 Vgl. Storch, Maja/Krause, Frank: Selbstmanagement – ressourcen-
    orientiert. Grundlagen und Trainingsmanual für die Arbeit mit dem
    Zürcher Ressourcen Modell (ZRM). Bern 2007.

31 Ebd., S. 91.

32 Roth, Gerhard: Bildung braucht Persönlichkeit – Wie Lernen gelingt.
    Stuttgart 2011, S. 84.

33 Aus: Harry Potter und die Kammer des Schreckens. Carlsen Verlag
    2000, S. 343.

34 Die Pointe des Gleichnisses ist sicher nicht die Umkehr des Sohnes,
    sondern das überraschende Verhalten des barmherzigen Vaters, doch
    hat jede Passage in diesem Gleichnis ihr eigenes Gewicht. So lohnt es
    sich ebenfalls, das Verhalten des zweiten Sohns zu betrachten.

35 Vgl. Luther, Martin: Vom unfreien Willen. München 1924.

36 Vgl. zu dieser Kontroverse Bauer, Joachim: Selbststeuerung, S. 24ff.

37 Künkler: Warum guter Wille allein nicht hilft, S. 293.

38 Vgl. Heckhausen, Heinz/Gollwitzer, Peter M.: Thought Contents and
    Cognitive Functioning in Motivational versus Volitional States of
    Mind. In: Motivation and Emotion. Bd. 11, Nr. 2, 1987, S. 101-120.

39 Martens, Jens-Uwe/Kuhl, Julius: Die Kunst der Selbstmotivierung –
    Neue Erkenntnisse der Motivationsforschung praktisch nutzen. Stutt-
    gart 2020 (6. Auflage), S. 140.

40 Vgl. dazu: Faude-Koivisto, Tanja/Gollwitzer, Peter: Wenn-Dann-Plä-
    ne – eine effektive Planungsstrategie aus der Motivationspsychologie.
    In: Birgmeier, Bernd (Hg.): Coachingwissen – denn sie wissen nicht,
    was sie tun? Wiesbaden 2009, S. 207-225.

41 Vgl. Römer 15,14; 1. Korinther 14, 26; Epheser 5,19; Philipper 2,1;
    Kolosser 3,16; 1. Thessalonicher 4,18; Hebräer 10,24-25.

42 Bauer: Selbststeuerung, S. 27.

43 Künkler: Warum guter Wille allein nicht hilft, S. 298.

44 Martens/Kuhl: Die Kunst der Selbstmotivierung, S. 122f.

45 Vgl. Ogden, Greg: Discipleship Essentials – A Guide to Building your
    Life in Christ. Downers Grove 1998, S. 10.

46 Vgl. Bürki, Hans: Zweierschaft. Wuppertal 1959.

47 Zum Verständnis von Mentoring im gemeindlichen Kontext vgl. Faix,
    Tobias/Wiedekind, Anke: Mentoring – Das Praxisbuch. Ganzheit-
    liche Begleitung von Glaube und Leben. Neukirchen-Vluyn 2014. Zur
    Bedeutung von Geistlicher Begleitung vgl. Köster, Peter: Geistliche
    Begleitung – Eine Orientierung für die Praxis. Sankt Ottilien 2018
    (4. Auflage).

48 Vgl. auch Philipper 3,17; 2. Thessalonicher 3,9.

49 In Anlehnung an die griechische »Mimesis« spricht der Erziehungs-wissenschaftler Christoph Wulf bei dieser Lernweise, die durch Nach-ahmung eines Vorbildes geschieht, vom »mimetischen Lernen«. Vgl. Wulf, Christoph: Mimesis in der Erziehung, S. 22. In: Wulf, Christoph (Hg.): Einführung in die pädagogische Anthropologie. Weinheim/Basel 1994, S. 22-44.

50 Vgl. Bandura, Albert: Lernen am Modell – Ansätze zu einer sozial-kognitiven Lerntheorie. Stuttgart 1976.

51 Wulf, Christoph: Produktive Nachahmung. In: Weiterbildung 10/2019, S. 13.

52 Zimmerling: Evangelische Spiritualität, S. 37.

53 Vgl. Spitzer, Manfred: Lernen, S. 119.

54 Vgl. Storch/Krause: Selbstmanagement, S. 120f.

55 James, William; zitiert nach Künkler: Warum guter Wille allein nicht hilft, S. 299.

56 Barth, Karl: Kirchliche Dogmatik IV/2. Zürich 1964, S. 611.

57 Zitiert nach: The Famous People (Hg.): 52 Inspiring Quotes By Dallas Willard, The Author Of The Divine Conspiracy. https://quotes. thefamouspeople.com/dallas-willard-4254.php (Abruf 21.09.2022).

58 Bonhoeffer: Nachfolge, S. 35.

59 Luther: Von den guten Werken, S. 52.

60 Heywood, David: Kingdom Learning – Experiential and Reflective Approaches to Christian Formation. London 2017, S. 33.

61 Ebd., S. 28.

62 Aus: Will Durant, The Story of Philosophy, Simon & Schuster 1926; zitiert nach Deary, Vincent: Wie wir sind. Leben – Eine Anleitung. München 2015, S. 261.

63 Deary, Vincent: Wie wir sind, S. 44.

64 Clear, James: Atomic Habits – Tiny changes, remarkable results. An easy and proven way to build good habits and break bad ones. New York 2018.

65 Vgl. Lally, Philippa u. a.: How habits are formed – Modelling habit formation in the real word. In: European Journal of Social Psychology 2010, Nr. 40, S. 998-1009.

66 Vgl. Wright, Nicholas Thomas: Glaube – und dann? Von der Transformation des Charakters, Marburg, 2011, S. 18ff.

67 Köster: Geistliche Begleitung, S. 47. Auf dieses Zitat wurde ich aufmerksam durch das inspirierende Buch von Birgit Schilling: Verwandlung.

68 Arthurs, Jeffrey: Preaching as Reminding, S. 18; deutsch durch den Autor. Kompakter und schöner klingt der Satz im englischen Original: »In the Bible, emotion and volition link arms with cognition as memory brings the past into the present with compelling power, producing appropriate behavior.«

69 Vgl. Storch/Krause: Selbstmanagement, 256ff.

70 Text & Musik: Jonas Myrin & Matt Redman. Deutsch: David Hanheiser & David Schnitter. © 2011 SHOUT! Music Publishing.

71 Vgl. dazu das inspirierende Buch von Freund, Henning/Lehr, Dirk: Dankbarkeit in der Psychotherapie – Ressource und Herausforderung, Göttingen 2020.

72 Vgl. Grün, Anselm: Einreden – Der Umgang mit den Gedanken. Münsterschwarzach 1983.

73 So kann man das griechische splangchnizesthai wohl am besten übersetzen. Vgl. z. B. Matthäus 9,36; 14,14; 15,32; 20,34.

74 Freund/Lehr: Dankbarkeit in der Psychotherapie.